Je suis le badaud de moi-même

Jean Carmet

Je suis le badaud de moi-même

Préfaces de
Jean-Claude Carrière
Jean-Pierre Coffe

Plon

ISBN : 2-259-19077-4

Bien parler...

J'aimais d'abord son langage. C'était un mélange d'archaïsme recherché et de verdeur contemporaine, avec un emploi des mots qui n'appartenait qu'à lui. Il disait *gazettes* pour journaux, *voiture de place* pour taxi, *réclame* pour publicité. Il buvait toujours une *chopine.* Il utilisait par surprise des adverbes comme *véritablement, inconsidérément.* Ce que certaines personnes appellent des grossièretés — et qui le sont peut-être quand elles les prononcent — passaient entre ses lèvres avec une extrême élégance. Je le revois, à la fin d'une dure journée sur le tournage de *La Double Vie de Théophraste Longuet,* regagner sa loge et me dire au passage : « J'ai les patates au fond du filet. » Ou bien encore, un autre jour : « J'ai eu une tombée de couilles. » Aucune de ses phrases n'était ordinaire. Bien parler fut un des efforts constants de sa vie.

J'étais particulièrement frappé par sa force d'improvisation. Cela pouvait le prendre à tout moment, de préférence en présence d'un inconnu qui l'écoutait. Jean se laissait aller, avec une force tranquille de conviction qui pouvait l'emporter très loin. C'était sa manière d'enchanter sa vie. À la fin, comme il est normal, l'imaginaire et le réel se confondaient. Pour mieux dire : son réel était fait d'une part immense d'imaginaire.

Quelques exemples :

Jean rencontra un jour Bernard Rouquette, scénariste et acteur, qui vit dans le Midi de la France. Ils engagèrent la conversation et Bernard demanda à Carmet ce qu'il avait fait de sa jeunesse, avant de devenir un acteur célèbre.

Jean répondit spontanément :

« Quand on dit qu'on est d'origine modeste, on jouit tout aussitôt d'un certain crédit. Or, c'est bien mon cas. Ma famille — modeste — rêvait de me voir acquérir une belle situation. Heureusement, mon père était homme ouvert à tout. Quand je lui dis que je voulais devenir acteur, il ne s'insurgea même pas. Il me dit : "Tu es bien jeune. Acteur, c'est un métier de crève-la-faim. Tu dois d'abord assurer ton existence, te faire une retraite".

« Je compris ce que mon père voulait me dire et je m'engageai aussitôt dans l'armée. Par chance, c'était une excellente période pour les militaires. La guerre d'Indochine, suivie par la guerre d'Algérie, permettait un avancement rapide. Je me suis assez vite trouvé au plus haut grade auquel je pouvais prétendre, celui d'adjudant-chef.

« Cependant, je ne perdais pas de vue mes ambitions artistiques. À chaque occasion, je m'adonnais au théâtre. J'ai monté Anouilh dans les Aurès.

« Je me suis trouvé à Diên-Biên Phu, d'où je garde d'excellents souvenirs. Geneviève de Galard était une personne très amicale. J'ai bien connu Bigeard, aussi.

« À Diên-Biên Phu, comme nous avions beaucoup de loisirs, j'ai monté plusieurs pièces. J'avais un ami — qui d'ailleurs est toujours vivant — qui avait reçu une grenade dans le visage, ce qui l'avait rendu aveugle. Les moyens médicaux étant très médiocres, sa cécité a duré tout le temps du siège. Ce qui m'a permis de monter *Œdipe* avec, pour une fois, un sergent-chef aveugle dans le rôle. »

*

Le dimanche 11 février 1990, invité au festival de télévision de Monte-Carlo, Jean Carmet était logé à l'Hôtel de Paris.

Vers midi, avant un déjeuner de presse, il prit un verre avec quelques amis dans le hall de l'hôtel. Jean-Pierre Marielle lui demanda, en présence d'un journaliste :

« Tu as dormi tard, ce matin ?

— Penses-tu, répondit Jean. J'étais invité à visiter un porte-avions américain dans la rade de Villefranche. Et j'ai dû partir d'ici de bonne heure, pour arriver avant le lever des couleurs. »

*

En 1989, au cours du tournage de *Bouvard et Pécuchet* dans l'ouest de la France, Jean rencontra une châtelaine, propriétaire de la demeure dans laquelle le film se réalisait. La dame lui raconta que pendant la guerre, le petit château avait été réquisitionné et occupé par les Allemands.

« Et ils sont partis ? lui demanda Jean.

— Bien sûr, dit la dame, un peu surprise.

— Parce que, moi, voyez-vous, dans ma maison

de Sèvres, ma maison de famille, il m'est arrivé la même chose, nous avons été occupés par deux officiers allemands, seulement mes parents se sont attachés à eux, comprenez-vous, si bien qu'à la fin de la guerre les deux officiers n'ont pas voulu partir. Et moi, maintenant, j'ai dans ma maison deux Allemands très vieux dans des chaises roulantes. »

La dame, qui écoutait attentivement en hochant la tête, demanda alors :

« Mais ça doit être très gênant ?

— Je pense bien, dit Jean. Surtout quand je reçois des juifs. »

Il a dit aussi, en diverses occasions, des choses comme :

« J'ai connu l'ayatollah Khomeiny au temps où il habitait Neauphle-le-Château. Comme je savais qu'il avait été savetier dans sa jeunesse, je lui amenais quelques clients. Il réparait leurs chaussures et se faisait, de cette manière, un peu d'argent, car il était très démuni à cette époque. Je l'ai rencontré plusieurs fois, mais sans avoir des rapports réels avec lui. Il avait une maison, mais vivait au fond de son jardin sous une tente, un peu comme font les Gitans avec leurs roulottes, même quand ils sont très bien installés. »

Ou encore :

« Quelquefois, le succès peut tourner la tête au meilleur des hommes. C'est un peu ce qui m'est arrivé avec le Dalaï-Lama. Il était très gentil avec moi, il m'a même envoyé un mot de félicitations quand j'ai gagné mon premier Sept d'Or. Eh bien ! depuis qu'il a eu le prix Nobel, c'est à peine s'il m'adresse la parole quand il me rencontre. »

Je rajoute, en laissant filer ma mémoire, quelques merveilles de passage, comme :

« Un des avantages de ma relative célébrité réside dans le fait que, le dimanche, si par hasard j'arrive en retard à la messe, je peux demander au curé de recommencer. »

« Mon amour des trains m'amènera quelque jour à un geste inconsidéré, comme par exemple acheter une gare. »

« J'ai toujours fumé la cigarette, mais du coin de la bouche, comme en cachette, comme si je fumais aux cabinets.

« Ça ne se remarquait pas. D'ailleurs assez souvent, quand je fumais, les gens pensaient que j'étais aux cabinets. »

*

Invité à dire quelque chose à la sortie d'une manifestation scientifique où l'on parlait de l'origine de l'univers, il répondit :

« Je sais maintenant qu'à l'époque du big-bang j'étais déjà là. Je n'étais peut-être pas très bien placé, mais j'étais là. »

*

Au mois de janvier 1994, une dame arrêta Jean dans la rue pour lui demander :

« Pardon monsieur, vous pourriez me dire votre nom ? »

Jean prit aussitôt une pièce de monnaie dans sa

poche et la glissa dans la main de la dame en disant :

« Pardonnez-moi, je ne peux pas vous donner plus de cinq francs. »

Et il s'en alla rapidement.

*

Dans sa maison de Goudangues, dans le Gard, il avait fait construire une piscine qu'il estimait « trop grande pour ses besoins ». Cette piscine, où il se baignait parfois avec précaution, était entourée d'un grillage.

Il constata un jour que ce grillage, en son absence, avait été percé, sans doute par des gamins du village désireux de se baigner. Il fit alors venir un artisan, non pas pour réparer le trou dans le grillage, mais pour l'élargir un peu, afin que les gamins puissent venir se baigner tranquillement, mais sans le faire trop grand pour qu'ils puissent, en passant par le trou, garder le sentiment délicieux de commettre une infraction.

*

À Peter Brook qui, au cours d'un déjeuner, lui proposait de l'eau, il répondit poliment :

— Merci. J'en ai eu hier.

*

Quand il est mort, au mois d'avril 1994, ses amis réunis dans sa maison de Sèvres ont constaté qu'ils perdaient une sorte de point central. Quand il ne tournait pas — et même souvent quand il tournait — Jean consacrait deux ou trois heures par jour à ses amis. Il se disait : « Voyons, de qui est-ce aujourd'hui l'anniversaire ? La mère d'Untel est à l'hôpital, je vais lui envoyer des fleurs », et ainsi de suite. Je ne pouvais pas arriver dans un hôtel lointain, en Inde ou au Mexique, sans y être attendu par un de ses fax, ou un télégramme. Chaque année, il envoyait un pot de confiture à Michel Serrault, et à beaucoup d'autres, ou bien des rillettes faites par Catherine, ou du fromage de tête composé par un boucher de Goudargues, dans le Gard, où il avait une maison. Depuis la première des *Branquignols*, c'est-à-dire depuis plus de quarante-cinq ans, il envoyait des roses à la fille de Colette Brosset, qui était née ce jour-là. Et il ajoutait chaque année une rose supplémentaire. En 1994, hélas, cet anniversaire coïncidait avec le jour même de sa mort.

Quand il venait à la maison, outre d'excellentes bouteilles et « des fleurs pour madame », il apportait de l'herbe pour les chats. Et il appelait quelques jours plus tard pour savoir si l'herbe leur avait plu, ou s'il devait changer de marque.

Il m'envoyait aussi des perles, relevées un peu partout, surtout dans les journaux de province. Il affectionnait particulièrement une pancarte indiquant, dans la campagne : CHEMIN INTERDIT AUX CURÉS ; ce titre aussi : UN SEUL SURVIVANT SUR 10 000 POULETS DANS INCENDIE À MOSNES ; cet autre : VIOLÉE AVANT LA MESSE. Et cette petite annonce : « *Prêtre valide demande petite paroisse. Écrire n° 4703,* La Croix, *50, r. Pierre-Charron, Paris 8*e. » J'en conserve ainsi plusieurs dizaines. Tous ces textes, d'une certaine manière, lui ressemblaient.

Dans les moments de fatigue, et généralement pour toute maladie, il recommandait une potion peu connue, nommée *Le contrecoup de l'abbé Perdrigeon*, un remède du XIXe siècle, à usage interne et externe. J'ai toujours soupçonné Jean d'aimer avant tout le nom de cette potion, et aussi le portrait rassurant de prêtre qui figure sur l'étiquette.

La mort, comme il est habituel, possède ce privilège incomparable : elle nous permet de peser la vie. À la mort de Jean, nous avons pu brusquement mesurer le poids de sa vie. Elle était plus dense et plus lourde que nous ne pensions ; et plus proche, aussi, de la nôtre. Ceux qui le connaissaient, et ceux qui ne le connaissaient pas, ont tous perdu quelqu'un de la famille. Gérard Depardieu a dit quelque chose de beau : « C'est mon premier vrai deuil. »

Au-delà des personnages qu'il interprétait, il reste dans nos mémoires l'homme qu'il a été : complexe et tendre, drôle et inquiet, limpide et obscur. Il était à l'affût des choses, infiniment curieux de tout, capable de monter dans la voiture d'un inconnu et de partir sans savoir où. Il possédait — comme on va le lire — la plus belle des cultures, celle qu'on ne doit qu'à soi-même, ou presque. Il vivait dans notre monde, et en même temps dans le sien. Le plus sensible des observateurs, et le moins neutre. Son regard percevait ce qui échappait à beaucoup d'autres. Son intelligence, sa présence auraient fait de lui un Trésor vivant au Japon.

Il était un de nos trésors.

À la nature tourangelle, aux temps qu'il a traversés (durs et mêlés), à tous ceux qu'il a connus ici et là, et plus particulièrement à lui-même, il a fallu soixante-quatorze années, beaucoup de rencontres et d'influences, beaucoup d'application aussi, pour composer l'homme qui fut Jean Carmet. Et un seul instant pour le détruire.

Je suis heureux que ce livre existe, dans un désordre qui lui ressemble. Un livre épars, comme il l'était, mais où son cœur bat sous chaque mot. Il en est ainsi, peut-être, pour tous ceux qui essaient de faire une œuvre de leur vie, et n'ont pas le temps de l'écrire.

Jean-Claude CARRIÈRE.

... et bien vivre

La première fois que nous nous sommes rencontrés, nous étions trois, lui, le vin et moi. Quand nous nous sommes quittés définitivement, nous étions quatre, la mort nous avait rejoints. Le vin a toujours été le témoin de nos conversations, de nos rires, de nos engueulades parfois, et souvent le but de nos voyages. Pas n'importe quel vin. Il aimait les vins de pays, blancs ou rouges, sans préférence marquée pour l'un ou l'autre, avec une prédilection pour ceux du sien, le pays de Loire. Il entretenait des relations privilégiées avec ce qu'il appelait les « vins de soif », ces vins qui s'expriment avec spontanéité, sans l'aide de nourriture, des vins pour toutes les heures, des vins de camaraderie, de fraternité, de connivence.

Quand il avait le choix, il n'hésitait pas. Un jour qu'il devait dîner chez moi, il arriva en avance, comme à son habitude, pour vérifier le menu et les vins, soulever les couvercles et tartiner la rillette.

« Qu'est-ce qu'on boit là-dessus ?

— Château margaux 1982 en magnum.

— T'as pas plutôt du vin ? »

Nous avons bu du margaux et lui du bourgueil. Les premiers grands crus classés, les vins prestigieux des grands millésimes l'intimidaient. Les convenances impliquaient qu'on les boive avec modération et quelque respect. Or, la retenue face au verre n'était pas dans ses coutumes.

J'ai toujours été très admiratif sur son choix des mots pour qualifier le vin qu'il buvait. Les commentaires étaient toujours brefs, précis, efficaces, justes.

Au début de nos relations, je le rencontre sur les Champs-Élysées, par hasard. Après les civilités, l'inévitable question : quoi de nouveau ? Décodé, cela voulait dire : y a-t-il de nouveaux vins dans la cave, des bouteilles à déguster, de nouveaux amis à se faire ? Je lui parle immédiatement d'un muscadet non chaptalisé.

« Pas possible !

— Si. Magnifique. Millésime 76. Vendanges très mûres. Pas un gramme de sucre.

— Ça se boit où ?

— Chez moi.

— Allons-y ! Pas question de prendre une voiture de place » (sa façon à lui d'honorer les chauffeurs de taxis avec lesquels il entretenait des relations privilégiées).

La marche s'imposait ; pour la réflexion, la mise en condition. Pour simplement penser au bonheur qu'il espérait de cette proche dégustation. La promenade entre les Champ-Élysées et la rue Rambuteau fut mise à profit pour parler du vin qu'on allait boire, évoquer d'autres vins, la chance de trouver encore des vignerons de qualité.

À peine arrivé chez moi, au milieu de l'après-midi, les présentations faites, il a d'abord regardé la bouteille, l'a caressée, il a tiré son tire-bouchon de la poche, retiré la capsule, introduit la mèche, puis, avec sensualité, il a installé le flacon entre ses cuisses. Après quelques secondes d'attente, de réflexion, d'un geste énergique il a tiré sur le bouchon pour obtenir le bruit familier, évocateur — le son qu'il préférait avec celui du clairon. Le vin est venu dans le verre, il l'a regardé comme on regarde un ami, avec tendresse, pour vérifier son allure, sa tenue, sa bonne mine. Il a soulevé le verre pour le porter à son nez, respiré profondément pour remplir ses poumons d'un air nouveau, comme le citadin au sortir de sa voiture quand il arrive à la campagne. Il a reposé le verre et s'est mis à rêver. Enfin, il a bu la première gorgée, l'a faite rouler dans sa bouche pour imprégner les papilles. Après cette première gorgée avalée, nos yeux se sont croisés, j'ai lu de la reconnaissance dans les siens, et il a dit :

« C'est de la propreté. »

Aucun nom ne pouvait mieux qualifier ce vin que celui-là, il l'avait trouvé dès le premier contact. À cet instant, ce vin ne s'est plus jamais appelé muscadet, ni Domaine des Dorices, mais la *Propreté*. Après chaque bouteille bue, il s'inquiétait toujours de savoir s'il en restait. Puis, un jour la réserve a été épuisée, le nom a disparu de notre quotidien pour s'inscrire dans nos mémoires, et souvent quand nous goûtons d'autres vins, il disait :

« Tu te souviens de la *Propreté* ?

— Tiens donc, si je m'en souviens ! » (J'y pense d'ailleurs avec regret en ce moment même.)

Du vin, une propreté. Qui d'autre que lui pouvait trouver une telle définition ? Personne.

Un jour qu'il tournait à Tain-l'Ermitage, il m'avait convoqué — amicalement — à venir dîner avec lui chez Jacques Manière que nous avions beaucoup aimé au Pactole et qui s'était retiré dans un routier près de Villeneuve-les-Valence. Pendant ce dîner, Jacques Manière avait fait peu de cas de nous — il écrivait son livre *La Cuisine à la vapeur* —, les bouteilles avaient défilé, prestigieuses, mais attendues. Vers minuit, Manière fut disponible, s'assit à notre table pour s'entendre apostropher :

« Tu t'es foutu de nous. Chave et Jaboulet, on les connaît. On n'a pas besoin de toi pour les boire. On s'attendait à quelques trouvailles, quelques originalités dignes de toi. »

Penaud, Manière va chercher une bouteille d'un vin surprenant, un vin de pays, inconnu jusqu'alors, un verger dans un verre : des abricots gonflés, dorés, juteux, des pêches blanches, délicates, de grosses cerises noires. Au milieu de ces parfums, la framboise et la groseille s'immisçaient. Un bonheur, un rêve, du soleil sur nos épaules, la pierre blanche des Baux, un petit chemin de chèvrefeuille rose et blanc. Il nous fallait une autre bouteille tout de suite sur la table, et des bouteilles dans nos caves, vite, le nom du vin, le nom du propriétaire, le téléphone pour commander. Devant notre enthousiasme, Manière convoque le représentant qui débarque vers deux heures du matin, l'œil aussi ensommeillé qu'étonné devant notre exigence à être livrés sans tarder. Il semble inquiet, cherche à différer et veut nous revoir, le matin de préférence (il est vrai qu'à deux heures de la nuit il pouvait se poser des questions sur notre lucidité). Le rendez-vous est pris.

« Demain matin, neuf heures. »

Le lendemain, à neuf heures, nous l'attendions de pied ferme, allongés dans le même lit, toilette faite, bouche propre, le drap tiré (quand même !). Nous avons souvent, par la suite, évoqué la tête de cet homme surpris de notre intimité (deux hommes nus dans le même lit à Tain-l'Ermitage !) et de la lucidité de nos propos (il se souvenait sans doute de l'alignement des bouteilles vides, la veille, sur notre table). Après la première gorgée dégustée, Jean a laissé tomber :

« Ça, ça fait du bien aux joues. »

Nous en avons bu beaucoup, de ce domaine de Trevallon, à l'époque où il n'était qu'un vin de pays abordable, et nos joues ne s'en sont jamais plaintes.

*

Il nous arrivait souvent de partir à la chasse, à la chasse au vin. Le principe consistait à rendre visite à un vigneron dont nous avions goûté le vin mais que nous ne connaissions pas. Carmet avait des principes. Arriver à l'improviste dans la matinée ou la fin de l'après-midi. Il n'avait pas son pareil pour la jouer simple, faire le modeste. Il savait qu'il fallait convaincre, séduire, pénétrer dans la cave. Son objectif premier : entrer dans le saint des saints... Il était prudent et savait que même pour un Carmet la conquête restait à faire. Personne n'écoutait l'homme parler de son vin comme lui et personne ne savait comme lui poser les bonnes questions. Il avait l'art de faire sortir les vieux flacons de leur cachette, déterrer les trésors et, après la dégustation, les cartons achetés, payés en espèces, il envoyait ses remerciements comme Cyrano ses tirades. À peine dans la voiture, la portière fermée, il en sortait pour revenir vers le vigneron. Il faisait semblant, comme si c'était sans importance, d'avoir oublié de lui demander l'adresse d'un de ses collègues produisant du vin blanc (si celui que nous venions de quitter ne vinifiait que du rouge, et inversement).

« Cher monsieur, vous devez bien boire du vin blanc de temps en temps ? Et quand on fait le vin que vous faites, vous devez en boire du bon. Vous l'échangez avec qui ? »

Non seulement nous repartions avec le coffre plein de vin, mais avec des adresses précieuses pour de nouvelles chasses.

Quand nous avions décidé d'aller à la traque, nous choisissions une auberge de qualité située au centre de notre périmètre de chasse. Nous chassions souvent en Anjou et nous installions à l'auberge Jeanne de Laval. Je passais le prendre le matin très tôt et, pendant le trajet, nous évoquions les rillettes du père Augereau, les fritures de Loire, le saumon beurre blanc, le sandre, jusqu'au moment où apparaissait la Loire, son fleuve. À sa vue, le silence s'installait, rompu, tous les quatre ou cinq kilomètres, par un claquement de langue discret, unique. Puis, au fur et à mesure que nous nous rapprochions de l'étape, les claquement se faisaient plus fréquents, plus bruyants, pour devenir ininterrompus à partir d'Angers. Ces claquements n'appelaient pas l'échange (j'avais essayé, mais sans succès : il ne tenait pas au dialogue claqué). Ses claquements avaient un pouvoir évocateur inouï. Les entendre me donnait soif et faim.

À peine arrivés devant l'auberge, les claquements

cessaient, la précipitation s'installait. Les salutations rapidement expédiées, la première bouteille de Saumur blanc était bue. Le calme revenait. Le rituel du déjeuner pouvait commencer.

*

Comme tous les amateurs de vin, il en parlait beaucoup. Une soirée juste arrosée se transformait rapidement en quelques jours d'orgies ininterrompues. Il s'amusait de l'étonnement de ses auditeurs devant ses exploits bachiques. Dans ce domaine, rien ne lui faisait peur : une fillette bue le matin avec un rillon se multipliait pour rapidement devenir cinq litres, une dégustation dans une cave pouvait, selon les interlocuteurs, se transformer en une journée allongé sous une barrique. Il s'amusait de l'image de « soûlard » (comme il disait) qu'il se forgeait lui-même. Quand il se mettait sur le wagon, ses amis étaient informés de sa décision de cesser de toucher à la chopine — il s'évitait ainsi les tentations. Ces périodes pouvaient durer longtemps, quelques semaines, quelques mois, mais rien ne pouvait le faire déroger, aucune tentation. Il préparait ses tisanes avec le même soin qu'il choisissait une bouteille dans sa cave et les dégustait avec autant de bonheur qu'un saumur champigny de son ami Foucault. En fait, il buvait moins qu'il ne le prétendait mais plus que la moyenne. Il m'est arrivé souvent d'entendre raconter par des tiers les « exploits » dont j'avais été le témoin. Rien à voir avec la réalité.

S'il aimait le vin, il aimait aussi manger. Rillettes et omelettes étaient ses mets préférés. Il était imbattable sur l'omelette. Il battait les œufs avec une dextérité et une compétence rares. Il avait même en projet un émission quotidienne sur l'art et la manière de fourrer les omelettes. Sa préférée était sans doute celle aux pommes de terre, champignons et lardons, dite « la paysanne ».

Quant aux rillettes, à ne pas confondre avec les rillons, il avait atteint une expertise dans la dégustation. Non seulement il dégustait mais il en fabriquait aussi. Sa rillette était spéciale, inhabituelle, une sorte de compote de viande de porc, de texture et de goût différents. Le mélange des saveurs était aussi intéressant que surprenant. Le volume des morceaux était insolite, alternant consistance et moelleux. Elles se répandaient voluptueusement sur la tartine sous la caresse du couteau. Pour être admis à la dégustation de ses rillettes, il fallait remplir certaines conditions, avoir en commun le goût du coin de table, de l'improviste, du casse-croûte, du pain de campagne, du fromage de tête, du cornichon craquant et vinaigré, du saucisson à l'ail et du vin blanc acidulé, perlant, le « déglaceur de dix heures ». Ses exigences limitaient le nombre des élus.

Depuis cinq ans, certains vins blancs ont un goût aigre, l'omelette me donne des crises de nostalgie, les rillettes sont trop grasses. Je sais tristement pourquoi.

Jean-Pierre COFFE.

Égotisme extraverti

Je suis dans la nouvelle édition du Larousse. Mais pas dans les noms propres, dans les noms communs.

*

J'aimerais être admiré par un protozoaire.

*

J'aurais pu naître avec une trompe, j'ai une mémoire d'éléphant.

*

Mes propriétés ? Je crois que j'aurais déjà beaucoup à faire avec un pot de géraniums.

*

Je redoute une certaine impunité pour être passé à travers les averses.

Pour briller j'ai besoin de m'entourer de gens moins intelligents que moi. J'ai du mal à en trouver.

*

Mon intelligence bien au-dessous de la moyenne s'était déjà manifestée avant que soient vulgarisées les lettres QI.

*

Je me suis engagé à ne plus dire de conneries, mais je peux répéter mes conneries d'hier.

*

À tort ou à raison, on se sent en tort quand on n'a pas raison.

*

J'aime bien paraître plus con que je ne suis. Je me sens à ma place, mais ce n'est pas moi qui m'y suis mis.

*

La jalousie c'est une petite fenêtre sournoise qu'on entrouvre, pour ne pas être vu, et qu'il faut refermer très vite sans coincer ce qui dépasse, quand vous prend l'envie passionnelle de l'inaccessible.

Être jugé de travers m'est désagréable, c'est comme si quelqu'un entrait à l'improviste dans la salle de bains et découvrait une bosse que je m'étais donné tant de mal à cacher.

*

Je me sens habité par un étrange individu qui contrecarre mes besoins et m'empêche de dormir.

*

Lorsque ma télé ne veut plus rien savoir, je m'invente des raisons cosmiques à son mauvais fonctionnement.

C'est à cet instant que je deviens dangereux !

*

Je ne porte jamais de jugements moraux, je ne suis pas qualifié.

*

Je reçois plein de lettres et je suis pris par la folie de répondre.

*

On est introverti parce qu'on ne peut pas faire mieux.

Je suis mobile, l'œil et l'oreille qui traînent, on me trouve toujours où on ne m'attend pas.

J'ai toujours souffert du complexe de fuite.

*

Je suis toujours disponible et toujours de mauvaise humeur.

*

Je n'ai jamais été déçu parce que je n'avais aucun espoir, aucune ambition. Il y a les gagneurs et les autres. Pour gagner, dans mon cas, il m'aurait fallu des talonnettes, au physique et au moral.

*

Je ne jette pas mes vieux vêtements, pour voir comment j'étais avant.

*

Je fume pour me prouver que je n'ai pas la volonté d'arrêter de fumer.

*

— Qu'est-ce qui vous amuse ?
— Les casse-couilles.
— Qu'est-ce qui vous ennuie ?
— Les casse-couilles.

Pour moi, il n'y a rien de plus drôle qu'un type ennuyeux.

*

J'ai besoin de contrôle et, dans l'esprit gourou, Marcel Herrand, Coffe plus tard, sont des esprits qui me surveillent avec sévérité, toujours quand je suis en train de m'embarquer dans la faute de goût totale.

*

Longtemps je n'ai pas eu de vérité, il fallait que je trouve mon authenticité. Je ne savais pas qui j'étais, c'est venu beaucoup plus tard.

*

Je parle beaucoup, mais je ne suis pas un vrai extraverti.

*

Je suis arythmomaniaque, c'est pourtant un mot au-dessus de ma condition.

*

On a tellement l'habitude du son qu'il viendra un jour où on vendra des livres avec une partition musicale.

Je hais les voix stressées.

Certains timbres de voix me tapent sur les nerfs. Il m'est arrivé de me lasser de personnes de connaissance à cause de cette intonation insupportable qu'elles empruntaient.

Emprunter c'est le mot, car j'ai fini par comprendre que cela trahissait un manque d'assurance, une nervosité. J'ai l'exemple récent d'une femme qui, tant qu'elle n'avait pas trouvé son confort intellectuel, bêtifiait sur un ton sacerdotal effrayant. Je me prends parfois moi-même en flagrant délit de gâtisme linguistique face à mon défunt chat ou mon petit-fils. Quelle horreur ! Mais les enfants ont ceci d'extraordinaire qu'ils vous imitent à merveille et que le ridicule vous revient en pleine figure tel un boomerang.

*

Je suis daltonien en musique. Quand on joue un *sol*, j'entends un *do*.

*

Le chauffeur de taxi auquel je ne demandais rien m'a affirmé tout d'un coup que le premier signe de la surdité était le sifflement d'oreille.

*

Les sourds entendent leur voix intérieure, et ils s'entendent péter.

C'est le mot qui a créé la matière. Je le crois véritablement, c'est le bruit qui a créé le monde. C'est une émotion.

*

Je suis sensible aux odeurs, guidé, stimulé par les odeurs. Ma première histoire sentimentale sentait la lavande. La répétition d'une odeur réveille des souvenirs tenaces, l'odeur de la soupe aux pois, des églises, de l'école, de la vanille. Très soucieux du parfum des choses, les fêtes foraines, les berlingots ; pas les frites, les frites c'est bien dans leur cadre, c'était ma période belge.

J'aime sentir. Les chiens sentent. Quand je fais connaissance, je sens. Avant d'attaquer un plat, je sens.

*

Je me pose peu de questions sur la création du monde, car je pense que tout est venu d'un grand son. À l'origine la douleur est un cri.

Toutes les émotions sont d'abord un son, la surprise, la peur, la joie.

C'est avec les onomatopées qu'on a le plus de chance de s'approcher de la vérité, plus sûrement qu'avec le carbone 14.

*

Toutes les heures ont leur musique, j'aime par exemple quand le cri des oiseaux annonce le déclin du jour. C'est l'heure où tout s'éteint, où la vie chante dans mes oreilles.

*

Quand je me bouche un œil j'entends moins fort.
Quand je ferme les yeux je ne vous entends plus.
Quand je me bouche les oreilles, je cesse de voir.

*

Comment ne pas vivre avec passion et amour ?

*

Les cinq sens : je suis à la recherche de tout ce que je peux faire avec.

Les gens s'attendent toujours à ce que je me prenne les pieds dans le tapis.

Je me suis pris dans le tapis trop longtemps et je me suis cassé la gueule.

*

Noël paternaliste : les bons Sénégalais à l'Élysée [1].

*

On vit et on est sollicité par sa pensée, par ses besoins d'agir, par ses organes, par l'entourage, tels les bruits du monde et la vie des voisins qui n'est

1. Giscard d'Estaing était alors président de la République.

pas du tout la nôtre... mais puisqu'on est dans le même bocal !

*

C'est très mal vu d'être optimiste. Les gens adorent annoncer les nouvelles, surtout les mauvaises.

*

À partir d'une certaine taille, que je définirais un peu au-dessus de la mienne, tout homme m'est suspect, j'en demande pardon à mes amis qui ne sont pas calibrés. Bien que nombreux dans mon cœur, ils bénéficient d'un traitement spécial.

L'homme, au départ, idéalement en était à un mètre soixante et quelque. En allongeant il a obligé les menuisiers à rehausser les étagères.

Autre chose, les plafonds. À l'âge du petit homme, ils étaient sensiblement plus élevés que maintenant et plus les têtes étaient loin du plafond, plus légère était l'atmosphère.

Et puis s'ensuivirent, avec le développement vers le haut, des lavabos qui interdisent la miction idéale pour l'homme de base. Dans les établissements publics les urinoirs sont devenus impraticables.

Si bien que l'on se demande ce qu'il en sera en l'an 2000. L'homme d'un mètre soixante-cinq sera-t-il marginalisé ?

Tant mieux.

J'aime les petits, je peux en faire l'historique, le panégyrique, et vous prouver que les avantages sont nombreux, et les désavantages minimes.

Dans les années 2000, si l'humanité continue à grandir, je serai un nain.

Cependant, je me tiens comme un grand. C'est-à-dire que, pour ne pas avoir l'air petit, je marche voûté.

*

J'ai la chance de n'avoir jamais été pris au sérieux, c'est plus pratique pour explorer le monde.

Le mot « sérieux », je l'ai tellement entendu dire par des gens qui se prennent au sérieux. Pinay, le symbole de l'homme sérieux, avait, avec son petit chapeau, créé un décalage.

*

La nuit, je comprends et je me repens.

*

Ma bite a des traits réguliers pour une bite.

*

C'est la pagaille dans ma tête.

*

Je voudrais bien voir mon ombre, mais le soleil ne brille plus.

On oublie des tas de petits moments que justement on croyait inoubliables.

*

Je ne programme pas. Je ne fais pas de plan quinquennal.

*

Il m'arrive de souhaiter aider le souhait, et quelquefois, ça fleurit sans rage.

*

Si je suis parfois en état de somnolence apparente c'est qu'en fait je suis en état de récupération permanente, prêt à me lancer sur le coup d'une seconde à l'autre si le coup démarre.

*

Je suis persuadé que quand on se regarde dans une glace, ce n'est pas soi qu'on voit.

*

J'en ai marre de faire des comptes à rebours. Il me reste tant de jours à flâner, ou « chic dans quelques jours c'est le boulot ! »

Il m'a fallu plus de talent pour subsister qu'il n'en fallut pour gouverner toutes les Espagnes.

*

Sans avoir un grand sens de la propriété, je n'aime pas jeter les choses.

Les vieilleries sont des talismans. On ne peut pas les rejeter sans risquer la rupture avec un certain bonheur.

*

Les soucis s'abolissent dans la curiosité.

*

Je récapitule beaucoup, il faut que je me raccroche aux branches tout le temps à cause de ce qui peut se passer dans l'encombrement de la pensée.

*

Le langage, c'est quand même parti d'une souffrance, d'une gaieté, d'un sentiment en tout cas : le premier mec qui s'est fait tomber quelque chose sur la tête et qui a dit « aïe », c'est quand même la base de tout.

*

Tous les matins on se déguise. Moi, je me suis déguisé ce matin, dans ma tête. Tous les matins vous vous déguisez. Moi c'est Mardi gras tous les jours.

Il faut d'abord se séduire soi-même, la première chose qu'on fait le matin dans sa glace, on se séduit. Je suis obligé de me regarder dans la glace pour me raser, j'ai essayé de me raser sans me regarder, je me suis coupé.

*

J'ai un amour de Paris typiquement villageois.

*

J'ai des moments redoutables, je pars et je ne rentre pas. C'est lié à des élans, des choses qui m'accrochent. Ensuite je suis incapable de dire ce que j'ai fait.

*

Je reçois pas mal de lettres et si je ne réponds pas toujours, il m'arrive d'entretenir une correspondance avec un inconnu comme il m'arrive d'accompagner quelqu'un qui m'a adressé la parole.

*

Je ne suis ni censeur ni politique, je ne suis pas un philosophe, je ne suis qu'un conteur, et mon métier me permet de conter au-delà de la vérité. Je suis mauvais critique, mauvais témoin, je déforme tout.

J'aime entendre des choses extraordinaires, il n'y a pas de limite à mes possibilités d'émerveillement. Je ne suis pas blasé. Je ne veux pas freiner mon imagination. Le monde est confus et changeant, je peux me contredire. Je ne suis pas humilié d'avoir dit une bêtise.

*

J'invitais, je n'invite plus, j'ai peur que ce ne soit pas bien.

Enfances tenaces

Mon ombre m'allonge et me mincit. Quand je la vois, je me vois petit garçon.

*

Sur mon carnet de notes un prof avait mis comme appréciation : « Ressemble à la lune... par ses éclipses. »

Un autre : « Ne sait rien et se vante de ne rien savoir. » Puis plus tard : « Ne fait rien et ne veut rien faire. »

*

On est conformiste jusqu'à l'adolescence. Les enfants le sont, ils comparent leur entourage à ceux de leurs copains.

*

Quand j'étais enfant, on avait tendance à faire de la publicité autour de mes méfaits.

C'était pour me faire honte.

Le but n'a pas été atteint. Très tôt j'ai dépassé la

honte et tout ce bruit autour de tant de banalités m'avait donné une couleur.

Si bien que très tôt j'étais devenu populaire.

*

Je n'arrive pas à me faire à mon visage d'homme.

*

L'enfant qui avait les bras si courts qu'il ne pouvait pas se branler.

*

Quand j'y pense, maintenant que ces souvenirs reviennent, je crois qu'on aurait pu dire de l'abbé Chauveau qu'il se conduisait comme un sexologue abusif.

Par la suite il se mit à la boisson et, comme il avait des relations en haut lieu, on lui fit dire les vêpres au lieu de la messe du matin.

*

Pourquoi ne pas commencer par le commencement et essayer de se souvenir, à travers les brumes, de ce que furent les premiers jours ? Nous avions remarqué que pour se faire bien voir dans ma famille il fallait attirer l'attention des enfants s'il y en avait, mais on ne marquait un point décisif qu'en séduisant les animaux.

S'ils se frottaient à nous, ou s'ils recherchaient

notre compagnie, on ne coupait pas à : « Ça, les bêtes ne se trompent pas. »

*

En classe je n'ai jamais chahuté brutalement : j'avais le chahut sournois.

*

Je volais dans le tronc pour me confesser d'avoir volé dans le tronc.

*

J'ai été élevé dans le délire sulpicien.

Pas celui de la place, celui des colorations féeriques, où des oiseaux volent au-dessus de l'auréole de braves gens en prenant soin de ne pas leur faire caca dessus.

Ces tableaux s'exprimaient sans même avoir entendu parler de saint François d'Assise, qui curieusement était méconnu dans mon milieu, au bénéfice de saints beaucoup plus discrets comme saint Christophe, le curé d'Ars battant tous les suffrages aux cotes d'amour.

Saint Michel, sans doute considéré comme un violent, n'appartenait pas à l'Eden de mes tantes qui, entre les actes de piété, dans une odeur de confiture avec un zeste d'humidité à la paupière, vous brossaient un paradis où la Sainte Vierge conversait avec l'un de nos derniers défunts sous le regard aérien d'angelots qui ressemblaient à des cousins enlevés à la vie à l'âge de l'innocence, avant d'avoir péché, tout ça bien sûr sous l'œil du curé d'Ars.

Comme on est faible quand on est dans son tort, disait la force morale de l'entourage.

Le sport étant de se mettre dans son tort pour renforcer « le muscle du tort ».

*

J'avais une tante extrêmement pieuse.

En apprenant que j'allais peut-être faire du théâtre, elle s'affola et demanda : « Mais s'il vient en tournée, il y aura son nom sur les affiches ? Et si M. le curé voit ça ? »

Je suis quelque peu remonté dans son estime en jouant un prêtre dans *Monsieur Vincent.*

Elle me prenait pour une sorte de prêtre-comédien.

Une profession tout à fait naturelle.

Après la mort de son mari, elle entra dans une communauté religieuse et y vécut jusqu'à cent deux ans.

Elle m'a vu pour la dernière fois dans *Le Curé de Tours,* toujours persuadée que j'étais, d'une manière ou d'une autre, dans les ordres. Dommage qu'elle n'ait pas vécu jusqu'à *La Controverse de Valladolid,* où je joue un cardinal, légat du pape ! Elle en aurait sûrement ressenti une grande fierté.

*

C'est là qu'apparaît l'imbécile. J'étais enfant unique et je rentrais seul de la classe, il commençait à m'accompagner.

Je me tripotais beaucoup, on me disait : « Te touche pas toujours comme ça ! »
Ma mère, elle, n'osait rien me dire.

*

Dans un pays où il n'y avait aucune immigration et aucune imagination, le seul émigré était un percepteur du Sud-Ouest qui avait un accent dont on riait.

*

Un moment j'ai eu tout de mon fils. Plus tard, en me regardant, j'avais tout de mon père, maintenant c'est mon grand-père que je découvre dans la glace.
Tant mieux, je l'aimais.
Sur les photos il avait un regard très fixe, sûrement la peur de laisser filtrer sa bonté, mais dans la vie il avait un regard infini, et une douceur que je n'ai jamais rencontrée ailleurs.

*

Pour que je ne coure aucun danger, ma mère fermait toutes les portes de la maison. C'est sans doute ce qui m'a donné envie de les ouvrir.

*

Ma mère disait souvent : « C'est une femme heureuse, son grand fils est prêtre. »

Je sens l'ennui me prendre ce matin.

J'ai dit à ma femme : ramène-moi un kilo de lentilles, je vais les trier, l'envie de les compter me prend comme si j'égrenais un chapelet. Au début de l'hiver, pour tromper l'angoisse, j'ai besoin de gestes précis.

Je suis ailleurs, dans mes calculs, et je pense à mon père vieillissant qui triait des lentilles, toujours les mêmes.

Quand il avait fini de trier, il les remettait dans le sac, bonnes et mauvaises ensemble. Il notait sur un papier le nombre des suspectes et recommençait le lendemain, quand l'envie de trier les lentilles le reprenait.

À qui pensait-il, papa, en faisant cela ?

À ses déboires, à ses démons, à des filles qu'il avait connues, à des copains ?

Je ne l'ai jamais vu changer de visage pendant ses tris. Impavide, l'œil ailleurs, il ressentait du bout des doigts le défaut des lentilles ; où es-tu, mon vieux papa, à qui j'aimerais bien raconter comment s'est passée la vie depuis qu'on s'est quittés ?

*

Dans mon enfance tout était laid et rien ne sentait bon, sauf l'autel de la Vierge Marie et les fleurs qui l'entouraient. Si bien que tous mes fantasmes ressemblaient à la Vierge Marie.

J'ai chez moi une pièce sulpicienne regorgeant de saintes vierges, de curés d'Ars et d'autres pieuses évocations. Elle sent l'eau bénite et j'y retrouve là une ambiance d'enfance où religion et quotidien se mêlaient étroitement.

*

J'ai été élevé dans un milieu craintif.

*

Chaque année à l'époque des vendanges un petit garçon s'installait sur les bancs de notre école.

Il ne restait que quelques jours, jusqu'à ce que ses parents, qui avaient travaillé à la récolte, attellent le cheval à la roulotte.

Ils allaient plus loin, dans un autre village, vivre d'un autre commerce.

Ici la dentelle, ailleurs la vannerie, là le rétamage des marmites, ici l'affûtage des ciseaux, partout « bonne ferte » et expédients.

Lui, pour quelques jours, fréquentait une autre école et on ne le revoyait que l'automne suivant.

Vraisemblablement il s'asseyait près d'une autre fenêtre où il s'oubliait, attentif aux bruits du dehors.

*

Je projette mon enfance dans l'atmosphère d'une fête foraine. J'adore les places.

L'enfance me fascine, elle invente en permanence.

Aujourd'hui encore, moi aussi j'invente tous les jours le futur.

*

Mon père avait fait un trou dans le portail, à hauteur d'œil. Il y puisait une incomparable science. Il connaissait les allées et venues de tous, jusqu'au passage des chiens.

Mon père me disait d'un type riche : « Il se démerde », et moi ça me révoltait car je n'aimais pas la gueule de « ces gens qui se démerdent ».

J'ai les pieds dans un milieu d'enfance qu'autrefois j'avais fui.

*

Ma mère était dévote, elle avait le goût du convenable, la liberté était un risque pour mes parents.

*

Je raconte des choses dont j'ai entendu parler quand j'étais enfant.

*

J'aime l'image pieuse. Par iconolâtrie et par tendresse aussi, je garde de mon enfance un goût prononcé pour ce style de beauté.

*

J'ai connu dans mon enfance, près de Bourgueil, une boutique foraine qui m'a laissé un grand souvenir. À l'entrée, on voyait la peinture classique d'une femme nue sortant d'un puits, avec cette formule écrite : « Ici on ne dit que la vérité. »

À l'intérieur, on se retrouvait dans un dédale de paravents et de rideaux, entre lesquels on vous guidait. On s'arrêtait à la fin devant un mur. Un trou était aménagé dans ce mur, et il fallait mettre son doigt dans ce trou. Quand on le retirait, il était plein de merde et sentait fort mauvais. On s'écriait alors :

— Mais c'est de la merde !

Ce à quoi le monsieur qui vous accompagnait répondait immédiatement :

— Vous avez dit la vérité.

*

On l'appelait « Ducheval » parce que c'était un cheval.

Je ne l'ai jamais vu autrement qu'immobile sur ses quatre pattes en bordure de sa prairie, qu'il ne dépassait jamais.

Le regard immobile bien accroché à la nature et aux passants.

*

J'avais peur de « Charlot Coton ». Ma mère me l'avait montré un jour sur la place, un type étranger à la ville, un vagabond avec une besace. Il était chargé de ramasser les petits enfants qui n'étaient pas sages. Je vivais dans la réalité de tout ça, je vivais dans la peur.

Mais je crois qu'il ne faut pas chercher à se libérer de ses peurs. Ça rafraîchit les sensibilités.

L'idée de rien nous est venue au berceau. Il vaut mieux partir de rien que de pas grand-chose.

La vie, ça paraît être fait pour qu'on la raconte.

*

Il faudrait au moins trois vies pour réaliser ce qu'est une vie, alors soyez compréhensif, ne me condamnez pas si vite.

*

Je me souviens du ventre de ma mère, j'ai une idée de ma conception, je me souviens de mon premier cri et des réflexions autour de moi : « Il est petit, il est vilain, qu'est-ce qu'on va en faire ? »

*

J'ai besoin de me confirmer que j'ai bien vécu ce que je raconte.

*

Je ne sais pas ce que j'ai vécu. C'est une longue histoire qu'on m'a racontée et dans laquelle je me retrouve dans des indices qui sont peut-être des instants de ma vie.

*

Jésus-Christ n'était pas sérieux et je suis certain que sa mère lui disait : « Sois sérieux, ou tu vas avoir des ennuis. »

Ça commence par : « Tu n'es pas sérieux », puis : « Quand seras-tu un peu sérieux ? », « Soyons sérieux », « Ça demande beaucoup de sérieux ». Quand on déborde : « Il se prend au sérieux ! »

Il faut démystifier le mot sérieux, c'est un mot qui a été inventé pour faire chier le monde.

*

Je n'ai pas de secret pour moi.

La nostalgie c'est bien à condition de ne pas en abuser et que ça n'entraîne pas à dire « de mon temps ».

Il y a toujours un autrefois, même pour un bébé.

*

Plus on vieillit, plus on a besoin de ses parents.

Parler, puis se taire

L'expérience n'intervient que quand on n'a rien à dire. Le plaisir des mots, c'est aussi le secret des mots, le silence.

*

Quand je redis ce que j'ai dit, je pense que ce ne sont que des conneries, que je suis monté en boucle, que c'est la dernière fois... et puis je recommence.

*

On est embêté parce qu'on n'a rien à dire et qu'on l'a déjà dit... et qu'il faut encore le dire. Si on dit la vérité, on vous demande des comptes et après il faut se déshabiller.

*

Je vais vous parler de mes émotions...
— Ta gueule !

Ne me confiez pas de secret, je le répéterai sous la torture.

*

Quand un jean-foutre parle de Bach ça rassure le public.

*

L'autre jour je me suis surpris à parler du roi des Aulnes !

*

Le pieux mensonge : j'ai tellement eu l'habitude de me faire engueuler quand j'étais jeune que j'ai toujours quelque chose de prêt.

*

Il ne se sert plus des mots, mais des définitions du dictionnaire.

*

La bêtise peut se remarquer dans le mutisme mais elle éclate quand on s'exprime.

*

Je crois tout ce qu'on me dit. J'accepte tout, même quand on me dit que je me contredis.

Je vous quitte parce que je ne pourrais que me répéter.

*

Des mots ne m'avaient jamais frappé l'oreille. Ce n'est que plus tard que j'ai entendu les mots *impertinence* et *incongru.* Alors que sans le savoir j'avais entendu beaucoup d'impertinences et commis moi-même pas mal d'incongruités.

*

Quand vous commencez une conversation par :
— Comment ça va ?
— Quel temps fait-il ?
Vous êtes sûr d'intéresser et ça implique une réponse.

*

J'ai été long à pouvoir m'exprimer, sauf devant les gens qui prêtaient bien l'oreille.

Je ne m'accorde pas tellement le droit à la parole, en revanche je suis un enthousiaste, je peux vous embarquer n'importe où.

Je parle comme je rêve. C'est toujours une pièce en trois actes, il y a toujours une fin, heureuse ou malheureuse.

La perfection, c'est la forme d'une goutte d'eau, les mots ce sont des diamants. Une minute, c'est court, mais pour la raconter il faut une journée.

*

Je suis manipulé par ma curiosité.

*

Il faut se taire. Même les silences sont parfois mal interprétés.

*

Mentir, c'est un défaut d'esclave.

*

Je ne sens plus l'auditoire, va-t-il falloir fermer boutique ?

Ces représentations que je donne depuis des années dans les bars et les débits de boissons ont-elles lassé ?

*

Épreuve de vérité, le langage va changer.

Preuve que les mots sont usés.

Ta vérité ! Ta sincérité ! J'en ai pris un coup.

*

Au lieu de dormir je parle avec la nuit.

En partance

Les longs trajets en chemin de fer vous offrent l'irresponsabilité.

*

Je suis en liberté inconditionnelle. Je n'ai de pays que là où je travaille. Le provisoire c'est un pied ici et l'autre ailleurs, ouvrir une porte et ne pas savoir qui est derrière.

*

À Courbevoie, je suis en voyage.

*

Je suis toujours en voyage et en provisoire même chez moi, où rien n'est fini.

*

Je prépare mon strict nécessaire avec minutie, sans savoir où je vais.

J'ai peur des courants d'air, j'ai peur qu'ils m'emportent.

*

Je suis capable de découvrir l'Amérique en partant de Versailles-Chantiers. Beaucoup de gens ont beaucoup plus voyagé que moi, ils ont vu plus de choses, mais moi je n'ai rien laissé passer.

*

Quelquefois je me promène dans une espèce de savane, des buffles me regardent sans émotion, je croise un couple de lions, des hyènes, des éléphants... C'est avec une girafe que la glace ne s'est pas rompue.

*

Laissez-moi vivre sous la voûte du ciel et la fraîcheur du vent.

*

Le Douanier Rousseau a transcrit la chaleur comme personne, alors qu'il n'était jamais sorti de sa chambre.

*

L'appel du voyage, ça a commencé à Bourgueil par un bruit de sifflet, une sirène qui me sortait de mon sommeil.

Je suis un briseur de portes extraordinaire, je ne reste jamais seul bien longtemps.

*

Je coince un mot, un parfum ou une couleur et ils m'entraînent.

*

— Je vais partir.
— Ah bon ? Vous allez où ?
— Un peu plus loin si le temps est beau.

*

Je me souviens de ces gares où les employés montaient dans la motrice comme dans les nouvelles d'Alphonse Allais ou les pièces de Labiche.

Comme les bourgeois avec leur chauffeur, j'allais toujours saluer le conducteur :

— Soyez prudent !

Il répondait !

— J'espère vous conduire à bon port !

*

Vêtu d'un petit manteau bleu à col de cygne et protégé par un chapeau de la même couleur, une tartine en poche, j'ai quitté la maison de mes parents à Bourgueil pour la grande aventure.

J'avais quatre ans, c'était l'automne. À quelques kilomètres de là, à Port-Boulet, m'attendait le train Nantes-Lyon.

Depuis toujours bercé par la rumeur lointaine du chemin de fer, je rêvais de ce voyage. J'étais comme happé par cet appel étrange de la liberté. J'ai des souvenirs de la départementale bordée de platanes et de mes parents me retrouvant à moins de deux kilomètres du but.

*

J'ai toujours l'impression de revenir de voyage.

*

Quand j'étais enfant, j'entendais les trains que je ne voyais pas et on me parlait du fleuve qui était à quatre kilomètres.

*

Je ne sais pas ce que je vivrai. Je me sentirai vivant tant que j'aurai la possibilité, à chaque verre de vin, de voir une porte qui s'entrouvre et de la pousser.

*

Je suis le badaud de moi-même.

*

J'ai des envies de départs immédiats. Je suis obligé de lutter pour ne pas suivre un souffle d'air qui passe. J'ai cherché toute ma vie à changer de peau et de pays.

Chaque gare a son parfum, ses banlieusards aux heures de pointe, chaque gare a son passé, son humeur.

*

Émile Baugé, un copain de mon père, m'avait donné le goût des voyages.

Il avait coupé un fût en deux, avait fabriqué un mât et une voile, et promis des cartes.

Ce cuvier posé sur le Douët, à Bourgueil, devait m'amener à la Loire en prenant les courants. Je n'aurais eu qu'à me laisser glisser jusqu'au grand estuaire.

Après, l'océan et de l'autre côté, l'Amérique.

Émile avait tout prévu, les provisions de bord, la hache en cas d'attaque.

*

La découverte d'un mot nouveau comme « cynipidé », « anosmique » ou « arythmomaniaque », m'embarque et j'en abuse.

*

Une voie de chemin de fer, ça parle et ça a toujours quelque chose à dire, puisque ça va toujours quelque part.

*

Je défie quiconque de ne pas rêver devant le défilé des voies.

C'est fou le nombre de parents qu'on voit dans les gares.

*

Avec les locomotives à vapeur, l'énergie était visible et les mécaniciens avaient chacun son sifflet. Avant, un train, ça fumait, maintenant ça ne fume plus mais ça fait encore des étincelles sur les rails.

*

Nantes, pour moi, c'est la porte de tout.

La porte de l'Amérique d'Émile, mais aussi la porte des trains. Quand j'entendais le train, c'était signe de pluie, disait-on, mais c'était aussi le « Nantes-Lyon », deux mots qui formaient un tout.

J'avais envie de partir à la recherche de ce bruit qui menait vers Nantes et vers le voyage.

*

L'arrivée, c'est comme un départ, regardez comme les gens s'affairent quand ils sortent d'une gare.

Ils étaient bercés, pris en charge. Les voilà rejetés dans l'urgence de la vie.

*

La voie ferrée marque le paysage qu'elle traverse.

Dans une gare même abandonnée, il y a toujours des coins de vie. À Paris, toute la ville s'est construite en parallèle des voies désaffectées. On n'a pas les mêmes possibilités gare du Nord, gare de l'Est, gare de Lyon, gare d'Austerlitz ou gare Montparnasse.

*

Mais l'œuf dur reste le mets traditionnel du voyage en train.

*

Les trains sont sans doute des machines à remonter le temps. Maintenant je prends l'avion.

*

Il y a des grands moments dans ma vie où j'ai quasiment élu domicile dans une gare.

*

J'habitais en banlieue et je vivais mal mes réveils, j'avais besoin d'un coup de fouet, de sentir la vie, le pavé de Paris.

À peine levé je prenais mon billet et ma vie pouvait commencer. Je passais la matinée à la gare Montparnasse, j'y prenais mon petit déjeuner, lisais les journaux. Il y avait des douches, j'y faisais ma toilette, j'y avais même ma propre robe de chambre.

Je me sentais en osmose sentimentale avec les gens qui attendaient.

*

Dans les trains les gens sont disponibles, comme hors d'eux-mêmes. On ne demande pas les papiers d'une personne qui monte, on peut raconter ce qu'on veut, inventer, personne ne vérifie ce que vous dites.

*

J'aime dormir près d'une gare pour être de plain-pied avec le départ.

*

J'aime me compliquer la vie, j'évite les trains directs, je peux mettre quinze heures pour descendre dans le Gard.

C'est comme une promenade, il y a quelque chose de fluide dans le fait de prendre le train et de regarder le paysage défiler, on est comme dans l'eau.

*

Dans une gare on est anonyme, obligé de marcher au même rythme que les autres. Même si on est en avance, on ne peut pas ralentir.

Ma gare préférée reste celle de Tours, c'est de là que je suis parti pour venir à Paris.

Mais j'aime toutes les gares, les neuves, les vieilles, les conventionnelles avec leur verrière.

*

Il y a une odeur particulière dans les gares, c'est un peu comme une école.

Même si la traction à vapeur n'existe plus, l'odeur persiste, comme dans une vieille pipe. Longtemps après elle est imprégnée de l'odeur du tabac.

*

Le bruit du train est formidable. J'ai connu un gars qui conduisait un train sur une ligne d'intérêt local, j'ai passé quatre à cinq jours avec lui.

Plus tard, j'ai joué un conducteur de train dans *Violette Nozières.* J'étais le père d'Isabelle Huppert. C'était un plaisir rare.

*

Longtemps, l'indicateur Cook a été mon livre de chevet.

*

L'enthousiasme permanent est une chose suspecte, mais réellement, j'ai un enthousiasme permanent. Il m'arrive de me lever de mauvaise humeur, mais dès que ça bouge ... ça y est !

Ce que j'aime dans le voyage, c'est la désorganisation. Je ne suis pas un touriste, je suis plutôt un clochard.

Je me pose toujours la question : « Qu'est-ce que je vais être quand je me réveillerai ? »

*

J'aime les trains où on peut baisser les vitres.

Carnet de santé

Je trouve le thermomètre : 39°. Je me dis : « Elle a monté. »

Les thermomètres ne servent qu'à grimper tout seuls pour inquiéter les gens.

*

— Ah, j'ai encore 38°5 !

— Excuse-moi, mon chéri, je ne l'ai pas fait exprès.

*

Il faisait partie de ces gens qui ont besoin de se sentir menacés pour réveiller leurs émotions : « N'oubliez pas de m'inhumer avec ma carte d'identité, mon permis de conduire, mon groupe sanguin. Gardez mon électrocardiogramme, mon cœur s'étant arrêté de battre. »

*

Il m'arrive de me réveiller souffrant d'un mal avec lequel je n'avais pas rendez-vous.

Le comble du malaise et de l'indiscrétion, c'est le médecin et ces chirurgiens qui fouillent.

*

Il y a des médicaments pour tout, qui compensent les maux. Trouvez-les dans la forêt, ils y sont tous.

*

Dans mon corps c'est toujours le côté droit qui trinque.

*

Je prends ma tension tous les jours... plusieurs fois.

*

Je n'ai eu qu'un accident de marche, dans un moment de disette.

Équipé à très bon marché, 40° à l'ombre au thermomètre.

Mes semelles ont fondu dans l'asphalte et je suis rentré à quatre pattes.

On en parle encore en Camargue.

*

Je sens avec tous ces médecins que je ne pourrai plus jamais plaisanter comme avec mon petit monde.

Mes remèdes ? Le bleu de méthylène, les sangsues, l'huile goménolée, la pommade pour les gerçures et *Le Contrecoup de l'abbé Perdrigeon.*

*

Peut-on mourir quand le cœur va bien ?
Quand le cœur va, tout va.

*

Mon médecin est mon ami. Plus encore : il est ma famille, je ne le consulte pas, je viens lui parler de moi et de ma bonne santé, quoique je cite de petits malaises qui sont sûrement sans importance et que mes médications n'ont pas résolus.

*

Du jour au lendemain, sans que je puisse l'expliquer, je me suis mis à avoir peur du vide. Pourtant, dans le passé, pour les besoins d'un film, j'étais allé me balader tout en haut d'une grande échelle de pompiers sans ressentir le moindre malaise.

Aujourd'hui, sur le quai d'une gare, je me tiens en retrait des voies par crainte d'être aspiré par le vide.

Curieusement, des cauchemars se sont maintenant associés à cette phobie. Je me vois tomber dans des gouffres infinis, des trous si profonds que je n'en perçois pas le bout.

Je suis pharmacophile, j'ai trois dictionnaires de médicaments. Ça m'ennuierait de mourir avec la migraine.

Un peu de savoir-vivre

Quand vous achetez des suppositoires, le pharmacien vous demande :

— C'est pour une grande personne ou un enfant ?

Il faut répondre :

— C'est pour une jeune fille.

*

Je fais du cheval en théorie.

*

— Le plein, s'il vous plaît.

— Votre voiture, c'est laquelle ?

— Je savais bien que j'avais oublié quelque chose.

*

Les dents de sagesse, ça ne sert à rien. C'est le pourboire de Dieu aux dentistes.

C'est lundi. Demain je change de linge.

*

Peut-on vivre sans savoir ce qu'est un hydrocarbure ?

*

Moi je suis heureux dans mes godasses et content de ne pas être un cheval.
Ça doit faire mal quand on vous ferre.

*

Bon anniversaire à mon nez.

*

Je suis un grand spécialiste des lettres d'excuses.
Il serait plus simple de ne pas me mettre dans l'obligation de m'excuser.

*

Je suis très ordonné, je lutte contre ma nature brouillonne.

*

Je ne peux pas voir un clairon sans souffler dedans.

Pouvez-vous me traduire ce qui est écrit en chinois à l'intérieur de mon caleçon ?

*

Ma mère me disait toujours : « Regarde ton frère, il a réussi, il est archevêque, il gagne bien. »

Oui, mais lui, il avait un physique d'archevêque.

*

Ma voiture reste chez le garagiste, elle s'abîme moins.

*

Après le départ de sa femme, il faisait brûler des oignons pour que sa maison respire la bonne odeur des ménages.

*

Je voudrais que le temps suspende son vol et que les heures propices arrêtent leur cours pour me laisser savourer les rapides délices des plus beaux de nos jours. Je voudrais savoir aussi pourquoi les oiseaux se cachent pour mourir.

*

J'avais un ami qui jouait avec sa cécité et qui aimait qu'on le fasse passer pour un faux aveugle.

Le père, voulant éprouver la fiancée de son fils :
— Je me suis toujours demandé comment il s'en sortait avec les femmes.
— Vous a-t-il dit qu'il était homosexuel ?

*

Moi, quand on me frappe, je sonne le creux.

*

Quand on lit le Carnet, il est à remarquer que les lecteurs du *Figaro* meurent vieux.
Pour vivre vieux, lisez *Le Figaro*.

*

Quand je sens venir les souffles fatals, je m'enferme chez moi. Vivre l'éternité sans quitter sa chambre.

*

Il est toujours trop tôt — ou trop tard — pour écrire ses Mémoires. Rayer la mention inutile.

*

Je serai vivant tant que je vivrai.

*

Je vais couper les téléphones pour pouvoir savourer mon nouveau savon.

J'ai de très bons rapports avec la dame qui fait mon ménage, des rapports de politesse.

Je viens d'avoir la grippe, elle l'a eue aussi.

*

Je viens de m'inscrire à un cours de ski par correspondance.

*

Mon chat est pratiquant. Il fait maigre.

Le vendredi, il adore le poisson.

Le vendredi, donnez-lui à choisir entre le Ronron à la viande et le Ronron au poisson, il prendra celui au poisson.

*

Je n'ai de commun avec le basket-ball que les chaussures.

*

Quand une souris me menace, qu'elle grignote mes provisions, je l'invite à déjeuner.

*

Je fais mes comptes, mais je ne les règle pas, ainsi je n'ai pas de dettes.

Je me suis aperçu que même si on ne prend pas de poids, on continue à élargir.

*

Quand il y a une fourmilière quelque part, les fourmis m'attaquent. L'autre soir je suis devenu une fourmilière, je sens courir les choses sur moi. Ce n'est pas répugnant une fourmi, ça lave les fruits quand ça les mange.

J'ai écrasé des abeilles et j'ai envie d'une destruction totale au nom de mon confort. Peut-être m'accusera-t-on d'avoir détruit le cycle de la nature.

Je cherche à m'associer à un prédateur des abeilles. J'ai parlé aux pipistrelles, mais elles n'opèrent que la nuit.

*

L'indulgence ? J'arrive toujours à me pardonner.

*

Je suis naïf, totalement, j'aime bien croire. J'aime bien ça, parce que la puissance de la croyance, ça fait partie de l'amour de la vie.

*

Assez d'obésité. Je veux que ma maison demeure maigre.

Le billard, c'est le ping-pong des riches.

*

Il paraît — c'est Catherine qui me l'a dit — qu'il ne faut jamais emmener de stylo à encre dans un avion. Ils perdent de l'étanchéité. On peut dire qu'il existe une véritable maladie des stylos, qu'ils n'attrapent qu'en vol.

*

À la pyramide du Louvre, je m'intéresse aux lieux.
Je trouve que l'éclairage serait tout à fait indiqué pour y faire le salon de la machine-outil.

*

Depuis que les jours raccourcissent, j'ai de plus en plus de mal à me regarder dans une glace.

*

La glace du coiffeur, ça ne sert à rien. Le mal est fait.

*

— Une pilule ? Qu'est-ce que c'est que ça ?
— C'est pour arrêter de fumer le cigare.
— C'est efficace ?
— J'arrête demain.

Livrer l'audimat au public, c'est comme si le PMU donnait les résultats, mais sans qu'on ait le droit de jouer au tiercé.

*

Il faisait si froid que le lait gelait dans les mamelles.

Il faisait si chaud que le lait tournait dans les mamelles.

Rayer la mention inutile.

*

Il vendait de l'uranium de porte à porte.

*

On revient de loin quand on lit la définition du nègre dans le Larousse de 1865. Mon grand-père a subi ce Larousse.

*

Être pressé devient un réflexe.

*

Un sous-marin, pour une baleine, c'est un gros suppositoire.

Est-ce qu'il existe, en France, une vache sans propriétaire ?

*

— J'ai une idée de film. Ça se passe au XVIIIᵉ siècle.

— Un film d'époque ? Ça va être trop cher.

— Mais non, c'est l'histoire des premiers nudistes !

*

Deux piétons sur un passage clouté, fauchés, boulevard de l'Hôpital.

*

Pourquoi voit-on toujours un chef d'État jetant un bâton à son chien ?

*

Le bon goût, c'est fatigant comme une dame de compagnie.

*

Pour dérouter les voleurs j'ai un pantalon sans poches, j'ai une poche à mon slip.

— J'ai été attaqué par des voleurs !

— Alors ?

— Alors ils m'ont déculotté.

*

Ces gens-là sont si bas ! Ils sont là où se cache le diable.

Deux doigts de sexe

Je suis veuf de toutes celles qui n'ont pas voulu de moi.

*

Les femmes que j'ai aimées, j'aurais pu les attendre à la sortie de l'école.

*

Elles avaient toutes de vilains culs dans des pantalons style *Germinal* revu par « Le Soldat laboureur ».

*

La charcuterie de mon village se trouve être à l'origine d'une double émotion dans ma vie d'enfant : la découverte de la peinture et l'éveil de ma libido, étrange association ! Chaque matin, pour aller à l'école, je passais devant cette charcuterie dont le store baissé représentait une scène de chasse à courre, peinte à l'huile — probablement exécutée par un client ne pouvant régler sa note.

Cette toile m'émerveillait et tranchait singulièrement avec mes connaissances picturales de l'époque qui se limitaient au calendrier des postes décoré des *Glaneuses* ou de l'*Angélus* de Millet...

Deuxième révélation, lorsque le store se relevait, il laissait apparaître la charcutière, femme plantureuse, dans sa blouse blanche immaculée. Ses seins, moulés par son tablier amidonné, ressemblaient à des obus, énormes et délirants. Fameuse évocation !

*

Si tu continues à dire non, je ne te demanderai pas ton avis, je t'épouserai sous anesthésie.

*

Mes goûts et mes amours sont d'ordre biologique.

*

Quand je manque d'énergie, je donne rendez-vous aux dames de Maillol dans les jardins des Tuileries.

Il y a quelque chose de léger dans ces dames pléthoriques, ces formes qui ont une légèreté, qui volent dans le ciel avec leurs grosses fesses, je trouve ça superbe.

Le péché, c'est préférer les fesses des dames de Maillol à l'*Entrée des gladiateurs*.

*

Ma vie sexuelle épanouie ? Ça a souvent été de la musculation.

Je suis bien loin de vous, je panse quelques blessures et je réveille mon corps.

C'est dur d'avoir l'âge que je ne me reconnais pas.

En attendant mieux et avant de me livrer à vous avec un visage présentable, je m'intéresse aux abeilles.

*

Autrefois on parlait de cul. Depuis le sida on ne peut que parler de sexe. Audiard m'avait surnommé « l'ermite de Sèvres ».

*

Le désir sexuel ne disparaît pas si on le satisfait.

*

Maintenant que j'ai vu qu'il existait de si petits culs, je ne veux plus me servir d'autre chose.

*

Sa beauté, son éclat étaient du genre que je considère comme le maximum de l'accessible. Elle était gracieuse mais courte de fesses.

*

On vivait depuis longtemps en code, on se mentait pour le plaisir.

L'âge de l'indécence ? Un certain âge.

*

« Je ne suis pas curieux, mais je voudrais savoir pourquoi les femmes blondes ont entre les deux seins deux touffes de poils noirs et pourquoi les négresses de quatre-vingt-dix ans ont entre les deux fesses deux touffes de poils blancs ? »

C'était la première chanson de pointe. Elle représentait un danger et, dans son analyse, elle nous charmait.

« Je ne suis pas curieux »... cette première phrase pleine d'humilité, et « mais je voudrais savoir », le savoir, soif de la jeunesse.

Pourquoi ? La question, la curiosité à élucider.

La phrase suivante représentait le danger et, devant certains professeurs, le jeu était d'aborder la première phrase pour que les copains frémissent à l'idée du danger.

— Monsieur l'abbé s'il vous plaît... je ne suis pas curieux...

— Bien, c'est très bien, disait-il, la curiosité est un péché...

— Mais je voudrais bien savoir...

— Pourquoi ?

L'auditoire frémissait.

*

J'aime une femme quand elle a un goût.

À la terrasse du café, j'ai surpris le regard désespéré du dragueur défaitiste qui jauge le physique d'une buveuse de Perrier.

Mais j'ai aussi rencontré le buveur de bière solitaire et silencieux, l'œil dans le vague.

Légèrement congestionné, et ce n'est que le début.

C'est sans doute un nouveau retraité, peut-être un homme fraîchement veuf.

*

Tous les vampires doivent avoir le sida.

*

La solitude d'un bourreur de fion.

*

Elle appelait son cul « le turbulent ».

*

Je m'endors avec mes mains, je ne suis pas de ceux qui ne savent que faire de leurs dix doigts.

Quand l'envie me vient, quand je sens monter la sève, je m'en sers, mais je n'en abuse pas, je sais bien que le plaisir de son propre toucher entraîne des cernes sous les yeux.

*

Magnifiques, toutes ces statues antiques. Tous ces costauds avaient de petites bites. Ça rassure.

L'âme du vin

J'appartiens à ces privilégiés qui, dès leur naissance, connurent le bonheur.

On raconte que mon père, le jour de mon baptême, trempa son index dans un verre de bourgueil pour m'en oindre les lèvres et j'eus l'air d'y prendre grand plaisir.

Vérité ? Affabulation ? Je ne réfute pas l'événement.

Bien sûr, enfant j'ai connu l'eau du puits pour des ablutions qui n'étaient pas ce qu'elles sont maintenant, et en tant que boisson pour couper un gobelet de grolleau.

Puis l'eau quitta mon paysage.

Ce fut une heureuse époque sur fond de récits bachiques. Là, il n'était question que de bourgueil, de chinon, de côteaux-du-layon et d'aubance. Si bien qu'à l'âge adulte, vins de Bordeaux et de Bourgogne n'étaient qu'une rumeur dont je n'imaginais pas le goût.

Les vignerons parlaient de ces hauts lieux avec une grande vénération, osant timidement, quand elles atteignaient le sublime, comparer leurs cuvées à celles de ces terres prestigieuses.

Ces gens-là étaient des modestes.

Certains avaient des sobriquets, « Boîte-à-sucre », « Bec-à-fouace », « Cul-d'ours ». Ils les tenaient de leurs ancêtres et n'en savaient plus les raisons.

D'autres vivaient dans des lieux-dits : Les Galuches, L'Oye-qui-cosse, La Sale-Terre.

Mais tous avaient beau langage, qu'ils ont légué à leurs enfants.

C'étaient des conteurs magnifiques, qui souvent s'isolaient dans leurs caves pour parler avec leurs barriques.

Voilà pourquoi les vins de Loire sont des vins qui s'expriment sans emphase. À condition qu'on les respecte, ils s'ouvrent pour vous offrir toutes les richesses de leur jardin.

Ils aiment vous faire des surprises, vous attaquent quand vous les mâchez, vous embarquent dans leurs arômes, se rappellent à votre mémoire et, sans vous abandonner, tapissent votre palais de fraîcheur et de propreté.

Un de mes amis, très célèbre, orfèvre en cabernet-franc, converse avec ses flacons.

Il leur demande de leurs nouvelles... Comment ont-ils passé l'hiver ? Sont-ils bien là où il sont ?

Il prétend avoir observé qu'une bouteille caractérielle peut très bien refuser de s'offrir en présence d'un malfaisant et retrouver tous les arômes quand l'intrus a quitté la place.

Allez donc savoir ce qui se passe dans la tête d'un vin qui ressemble à celui qui l'a fait.

Un jour, j'ai franchi les frontières.

Du Centre à l'Est, de l'Est au Sud, du Sud à l'Ouest, j'ai laissé là mes préjugés, flâné le long des rivières, suivi les chemins étroits où, devenus fantômes, rôdent le pas des chevaux et le roulement des carrioles.

Faites comme moi.

Traversez les villages aux noms qui donnent soif.

Frappez aux portes des vignerons, peu avares sur les « fillettes ».

Retrouvez l'innocence et le besoin d'aimer.

Et si un jour vous le pouvez, prolongez jusqu'aux sources, au mont Gerbier-de-Jonc, par exemple, ou ailleurs.

Là, un filet d'eau qui pénètre et qui s'enfle engendre les merveilles du monde.

Préface pour *Le Livre des vins*,
éditions Hatier.

*

Un homme qui ne boit pas de vin du tout est suspect.

*

Le vin n'est pas un liquide, c'est une essence. Il y a tout dans le verre.

Un vin, c'est tortueux. Dans une gorgée de vin il y a quinze directions, quinze parfums subsidiaires, il y a quinze goûts avant qu'on arrive à l'alcool.

J'ai bu par gourmandise, l'ivresse m'est étrangère. J'ai le nez qui rougit à la floraison de la vigne.

*

Dès qu'il y a de la vigne, il y a un langage commun entre ceux qui l'élèvent et ceux qui consomment.

*

Il n'y a pas de « petits vins », il y a des vins honnêtes et d'autres qui ne le sont pas.

*

Je demande au vin de me rafraîchir la mémoire et de me faire voyager, de me restituer des sensations de saisons et des goûts d'ailleurs.

*

Mon œil dans le goulot et l'autre au fond du litre.

*

L'odeur des vendanges m'enchante, l'air en était chargé comme un cul de bouteille.

Quand je vois une vigne j'ai soif, mais je n'ai pas d'instinct sanguinaire. Quand je vois un mouton je ne me dis pas : « Oh ! les beaux gigots ! »

*

Dans une époque de mystification, le vin est une

vérité. C'était un vin qui n'aimait pas les faux buveurs. Ce vin, c'est de la boisson de boit-sans-soif.

*

Les mauvais vins sont utiles, ils testent la résistance de l'organisme.

*

Un vin se signale au passage. Il dit : « Je suis. »

*

Le grolleau. Vous ne pouvez pas vous rendre compte du plaisir que vous donne ce vin. On ne réalise qu'après un temps, il vous possède et vous emplit d'une fraîcheur et d'un fruit subtil qui vous accroche. Vous ne pouvez l'oublier pendant un bon quart d'heure, il doit vous rendre nostalgique, il sent la grappe.

*

Sous la fenêtre de ma chambre j'ai planté une soixantaine de pieds de vigne. Au réveil, la perspective aidant, j'ai l'impression de voir un vaste vignoble.

*

J'ai souvent caressé l'idée d'avoir des vignes mais, à bien voir, ce qui m'intéresse ce n'est pas de posséder mais de rêver que je possède.

C'était l'heure où pour pisser on ne trouve plus sa bite.

*

Fils de viticulteur, vivant donc dans un pays de vignobles, je n'ai probablement bu mon premier verre d'eau qu'à l'âge de trente ans ! L'eau — bien que nous ayons un puits dans la cour de notre maison — était considérée comme un élément dangereux, louche, au même titre qu'une grillade.

Je n'étais nourri que de gros plats, de charcuteries, loin de toutes les préoccupations actuelles de diététique, minceur et allégé.

*

Mon père poussait même le vice jusqu'à ne se laver qu'à l'alcool (pas d'eau qui aurait pu lui transmettre je ne sais quel mal insidieux), alcool qu'il distillait lui-même à l'alambic.

Pour nous les enfants, lorsque nous partions à l'école, nous emportions avec notre déjeuner une bouteille de vin coupé d'eau.

Le soir nous faisions « bijanne » (soupe au vin du pays).

Je me souviens du Dr Jousselin et de ses fonds d'œil. S'il vous trouvait anémié, il datait la récolte et évoquait un mauvais millésime !

C'était bien connu, l'alcool tue le microbe.

Laissons la science et la subtilité sémantique aux œnologues, moi j'aime les appellations moins fameuses, mais pleines de surprises.

*

Vider une bouteille avec quelqu'un, c'est une manière pudique de se dire l'amitié. Il faudrait que les bistrots aient un parfum d'éternité.

Boire la Loire

De Nantes au mont Gerbier-de-Jonc, il y a une richesse et une diversité de vins aussi royale que la Loire elle-même.

J'adore les fleuves... La Loire, je n'arrête pas d'y penser. C'est un rythme, une couleur, une association permanente entre le ciel et l'eau, où chaque élément garde son autonomie.

J'ai grandi dans cette couleur-là.

J'ai découvert assez tard que la Loire traverse des régions qui produisent des vins extraordinaires : le bourgueil, les champigny, les vins d'Anjou bien sûr, mais jusqu'à Nantes des petits crus mystérieux, absolument méconnus comme les vins des marches de Bretagne, ou le mareuil.

Ils correspondent à ce mariage entre le ciel et l'eau.

J'aime quand on sent la présence de la mer dans la Loire et, dans l'odeur de marée, l'odeur des tanches, des brochets ou de la friture.

Les pique-niques de mon enfance sur les bords de la Loire.

On partait en carriole avec Coquette, notre cheval.

Mon père, bourrelier à Bourgueil, rêvait de la Loire et en était privé.

La mer, je l'ai connue plus tard, avec mes grands-parents. C'était un aboutissement. Avant que j'en arrive là, il a fallu que je la mérite.

Depuis que j'ai la parole, je parle toujours du coin où je suis né avec un peu de lyrisme et un patriotisme parfois suspect. Mais toujours avec une foi totale. C'est un pays qui m'est nécessaire.

Je suis très lié à Bourgueil, mais je n'y vais presque jamais. On vit très bien dans le souvenir.

Quand j'étais petit, on partait à l'école avec le déjeuner dans le cartable. C'était une tartine de saindoux et du vin coupé d'eau.

Je ne connaissais que Bourgueil, je ne savais pas que le reste du monde existait.

Je ne suis pas né dans les grondements d'un fleuve comme ceux qui sont nés sur les bords du Rhône, je suis né dans l'espoir d'un fleuve et dans l'idée que je m'en faisais.

On arrivait sur les bords de la Loire, mais on ne pouvait la voir que du pont.

On s'arrêtait sur le pont et, comme j'étais tout petit, on me soulevait en me disant que j'allais la voir, puis on me remettait à terre. Je n'avais vu que la maçonnerie du pont.

Je ne suis jamais allé à la naissance d'une rivière, c'est un lieu déifié.

Je garde l'image du mont Gerbier-de-Jonc comme un luxe que je m'offrirai un jour. Cette source distribue une richesse fabuleuse.

Ma première fugue, ce fut pour aller voir passer le train et contempler le fleuve.

*

Le bord de Loire ? Je peux faire arrêter le temps dans ce pays qui fait surgir les choses.

*

La maison de Rabelais s'appelle *La Devinière.* Elle est construite en tuffeau, c'est une maison idéale et magique. Les pierres sont blanches avec un peu de bleu transparent, souvenir des vignes.

La « tuffe » reste blanche toujours, elle se régénère.

Alors que le grès des marches est usé par la trace des pas.

Préface pour Le P'tit Queniau
Guide d'Angers et de la région

Cher p'tit Queniau,

Merci de me faire rajeunir.

L'Queniau ! C'est à moi qu'on s'adresse !

J'ai cinq ans. C'est l'heure du goûter et je passe mes vacances chez l'oncle de Saint-Barthélemy d'Anjou.

Voilà donc une belle grosse tartine de confiture de fraises qui se dessine dans ma case aux souvenirs.

C'était déjà l'époque où la vertu du cabernet-franc, pris à dose enfantine, venait à bout des anémies. De Bourgueil, plusieurs fois par an, on se laissait aller en famille aux méandres des levées de la Loire pour saluer les cousins du moulin, à Saint-Jean-des-Mauvrets.

Ah ! le régal de « l'arrêt beurre blanc » chez le père Augereau, des Rosiers.

C'est donc pour le beau fleuve et les chemins qui donnent soif que j'ai aimé l'Anjou.

Là où un drôle de mascaret, entre le vent de Nantes et celui de Touraine, vous emplit les poumons d'un air délicieux qui console des pollutions.

Faites comme moi, n'hésitez pas.

Renaissez par l'Anjou dans sa douceur aimable.

Suivez l'Angevin, bienveillant et franc du collier.

Il vous conviera sous les voûtes féeriques où le vin s'endort et s'éveille.

Retrouvez votre innocence. Le vin va vous parler. Simple, subtil, allègre ou noble, nulle part en si peu de surface ne s'expriment autant de senteurs, de goûts et de différences.

Et puis il y a Angers. J'ouvre aux piétons de l'Europe ces pages qui parlent juste.

Ne manquez pas les rues d'Angers. La ville s'enfle, mais les rues sont là.

Je m'y suis retrouvé sans tanguer, par une nuit, sortant d'une auberge aux fenêtres à vitraux, et j'affirme avoir rencontré un jeune homme en poulaines et une dame à hennin.

On était en janvier, pendant ce festival du Premier film que l'on doit à l'ami Gélin. Chaque année je m'y refais une santé. L'air est bon.

Ils ne me contrediront pas, ceux de mes amis parmi les plus honnêtes qui ont choisi l'Anjou.

Ils y coulent les plus douces heures de leur vie.

Bourgueil

Je ne m'embarque jamais sans mon véritable Laguiole quand je pars en balade, sauf quand je prends l'avion — on me le confisquerait. La lame est vigoureuse, et elle tranche le steak quand le couteau est défaillant. Son tire-bouchon, quoique court, est bien accroché au manche, donc efficace.

Je n'oublie pas mon véritable Laguiole ni mon idée fixe.

Là où je suis, Bourgueil me manque et je cherche son image. Je farfouille les caissons de cartes postales, pléthorique négoce, immanquablement j'y trouve, noire et blanche ou sépia, la rue qui n'a pas changé et que j'empruntais chaque matin pour me rendre à l'école. C'était pour moi l'artère principale d'une capitale mondiale.

Bourgueil est un centre, sorte de Finistère avant l'Anjou, perdu dans l'océan des ceps.

Dès qu'on quitte la levée de la Loire, on est ailleurs.

On peut, flânant par des routes étroites, ou devenues fantômes, entendre le pas des chevaux, le bruit des carrioles, le rire des vendangeurs, traverser les villages aux jolis noms qui donnent soif — Restigné, Benais, Ingrandes —, faire un détour par les collines, les landes, atterrir à Saint-Nicolas, cueillir une rose dans un massif planté le long d'une maison blanche, caresser le tuffeau, cette pierre qui renaît avec l'âge, respirer la glycine, regarder les feuilles frémir sous le souffle d'un vent si léger qu'on ne lui a pas donné de nom, franchir des lieux-dits — L'Oye-qui-cosse, les Galuches, la Martellière —, saluer l'autochtone quand il est à pied et qu'il marche de son pas raisonnable d'un qui sait où il va... et atteindre Bourgueil, l'enseigne, l'appellation.

Par ces chemins délicieux, j'y arrive sans soif.

Les invites à vider une « fillette » pleuvent sur le fils prodige que je suis pour eux, et la violence est douce, qui l'entraîne sous les voûtes féeriques créées dans ce même tuffeau dont on fait les maisons, là où le vin s'endort et se réveille.

Ne vous méprenez pas, touristes ! Sous le soleil filtré de mauve, il se passe des choses.

C'est le bouillonnement de la vie qui mûrit dans les fûts.

Article pour la revue *Reportage*.

Jeux et comédies

Je joue en colère. Mais pas dans la vie. C'est souvent de l'eau qui bout, mais rien ne cuit.

*

Je déforme tout et je suis de parti pris.

*

Un méchant c'est un mec qui fait des saloperies, mais après tout c'est un homme comme tout le monde.

Avant que le Dr Petiot devienne un monstre, un assassin, il a quand même vécu trente ans avec le visage d'un médecin de quartier.

*

Les souffles des acteurs se perdent dans la nuit des temps, il n'y a pas de hiatus entre les générations.

Acteur, c'est un métier de jouvence, c'est l'aventure et en plus on est son propre capital.

*

Il y a deux façons de devenir con dans ce métier, l'une, c'est d'avoir du succès, l'autre, c'est de ne pas en avoir.

*

On parle du déséquilibre des acteurs, je n'y crois pas. On est très lucide au contraire, même ceux qui ont la réputation d'être fous.

*

Même dans les salles les plus attentives on entend parfois tomber une morve.

*

Mes influences : Jules Renard, Robert Dhéry, Jean Renoir...

J'ai rencontré de vrais clowns dans les hostos. Tout le monde est déguisé, tout le monde est clown.

*

Je travaille en urgence, c'est stimulant.

Il est terrible d'apprendre un rôle sous la lampe. C'est comme jouer devant une glace.

*

L'animal est un partenaire redoutable qui peut vous couler un film. Il se déplace sans qu'on s'en aperçoive.

Par exemple, en entrant en scène, j'avais un chat dans la gorge.

*

J'ai appris le comique en voyant mon père, ses copains et les clowns.

*

Quand je ne suis pas une ombre, je vis à Paris.

*

Cet émerveillement que j'ai rencontré tout gosse devant les films du samedi soir explique peut-être cette sensation de dédoublement que j'éprouve quand je me vois sur la toile. Je n'en suis toujours pas revenu.

*

Le fait de jouer vous détache des sentiments graves. C'est un métier où le rêve s'installe à tous les niveaux. J'aimerais revoir ma vie au gré de mes rôles. Je saute d'un film à l'autre et ne me souviens que des bons moments.

*

Dans le monde du spectacle il y a une espèce d'atmosphère de chambrée extraordinaire.

*

Le regard sur le metteur en scène : c'est pour qu'il vous donne un sucre.

*

Il y a des moments où il se passe quelque chose, ce n'est pas toujours à ces moments-là qu'on vient vous proposer de jouer.

*

Donnez de la vie à un glas.

*

Je suis un mauvais raconteur d'histoires, et j'ai un contour de noces et banquets.

L'envie de jouer m'est sûrement venue de l'envie de raconter.

J'aime transmettre les histoires qu'on me raconte et enjoliver les miennes. Comme acteur, je me promène dans la vie des autres. Et dans la vie, je fais pareil.

Quand on m'appelle par mon nom dans la rue j'ai l'impression qu'on ne s'adresse pas à moi.

*

J'ai deux livres de chevet : *La Fortune de Gaspard,* qui a influencé mon enfance, et *Bouvard et Pécuchet.* Ils sont parfois complémentaires.

*

Le Crime de Monsieur Lange.
Quintessence du cinéma français.

*

J'ai besoin de me dérouter moi-même, sans ça, avec le physique que j'ai, je jouerais toujours le même personnage.

J'ai la réputation d'être un acteur de seconds rôles.

*

Toujours accepter le hasard dans la vie et toujours le refuser dans les scénarios.

*

On ne dit plus assez que le cinéma, c'est le septième art.

Le métier d'acteur c'est l'exploitation d'un mystérieux pouvoir de séduction. Parce qu'il faut séduire pour que les gens croient en vous.

Le destin c'est véritablement fabuleux, je suis toujours étonné de faire du cinéma, je pense à ce que j'étais et il me semble que... tout aurait dû faire que je le reste.

*

Chaque fois que j'attaque un rôle, un personnage, une réplique, je me demande si je vais savoir encore, non pas dire mon texte, mais faire passer la magie.

*

Je ne sais jamais comment je vais jouer une scène avant d'avoir entendu le ton de la voix de mon partenaire.

*

Quand tu te trouves avec un acteur qui ne joue pas juste, il faut se mettre à son diapason, arriver à créer une harmonie. Dans *Une Partie de campagne* de Renoir, tout le monde joue faux, mais un acteur « juste » là-dedans gâcherait tout.

*

Avec l'accumulation des prothèses et des camouflages en tout genre, on se sent protégé des apparences.

En rentrant chez moi je me déshabille entièrement et là, dans le plus simple appareil, je déambule dans la maison, reprenant contact avec mon univers par l'intermédiaire de mes pieds nus. Puis, je m'immerge dans un bain chaud. Habitude particulièrement systématique quand je tourne des rôles difficiles comme Miss Mona, Dupont-Lajoie ou Thénardier. Après des personnages aussi noirs, il me faut cette mise à nu, me débarrasser de toute cette fange, me récurer en quelque sorte.

Plus qu'une hygiène physique, elle devient morale face à des situations qui peuvent facilement devenir obsessionnelles. *Dupont-Lajoie* m'a ainsi beaucoup marqué.

Passer six semaines à violer, ratonner, finit par perturber sérieusement et j'ai craqué, capitulant devant ce monstre ignoble.

Un rôle, c'est une exploration, un voyage dont l'auteur a pris l'initiative. J'aurais aimé être explorateur, c'est l'esprit de décision qui m'a manqué — à moins que ce ne soit le courage physique.

*

Peut-être ai-je fait ce métier pour me permettre d'évacuer les violences du péché originel.

*

Ce que je dois aimer dans le métier d'acteur, c'est le provisoire et l'urgence.

Qu'on le veuille ou non, on travaille toujours en catastrophe.

De temps en temps j'ai besoin d'entendre les concerts de l'orphéon, le bruit des manèges.

Des saltimbanques, tous ces gens-là.

*

Je n'aime pas les étiquettes qu'on vous met ; les étiquettes, c'est pour les bagages.

*

Contrairement à ce qu'on pense, un acteur n'est pas libre, il dépend de l'auteur.

Et c'est l'auteur qui lui donne la permission de se libérer de ce qu'il est pour devenir l'autre, qui dort dans la ligne.

Un acteur ne doit appartenir à rien pour être tout.

*

J'ai beaucoup appris des animaux. Je ne me lance pas dans le tropisme : « Il ne lui manque que la parole. »

Je n'ai jamais cherché à leur tirer des réactions qui font dire : « Il est plus intelligent que les hommes. »

C'est l'immobilité du cheval, l'urgence du chien, la ponctualité du chat et leur facilité, à tous, à changer de vitesse.

J'ai vu Paris à travers ma propre surprise, ma propre découverte, puis j'ai marché dans Paris. Avec mon physique, il fallait opter. J'ai mis du temps.

*

Dans un village, il y a une matière des individus que l'œil des villageois fixe en gros plan.

J'ai toujours vécu dans ma tête comme dans un village.

*

Un acteur qui ne joue pas n'existe plus. Tout homme dans la société, de par son activité, a un état, un métier. Lorsqu'il ne l'exerce plus, que devient-il ?

Tous les chômeurs se sentent diminués.

*

Je vis sous le régime de la séparation d'identité.

A l'époque des *Branquignols* nous n'étions pas des carriéristes. Avec Duvaleix, Dhéry et les autres, nous ne pensions à rien qu'à nous faire rire et à faire rire les autres.

*

Ce qui est embêtant quand on reçoit un César, qui est un objet culte, c'est que ça vous oblige à parler au passé alors que seul le futur m'intéresse.

Je refuse d'être la parodie de moi-même et il est impossible pour moi de contrôler mon souffle, d'oublier que j'ai mal aux pieds ou de me corriger de certains de mes tics. Je laisse passer tout ça, c'est un moyen sûr de retrouver ma vérité à moi.

*

J'ai une carrière pleine de failles et d'erreurs, ce qui ne m'empêche pas de recommencer. C'est si bon de se tromper.

*

Je n'ai pas de réalisme, je ne suis même pas une réalité dans la vie.

*

J'ai longtemps joué les cons par peu de sûreté de moi-même et parce que mon âme n'avait pas habité ma surface.

Les personnages vraiment mauvais, ceux-là ont beaucoup à se faire pardonner, alors je leur donne un petit joker qui les rendra supportables pendant une heure trente-cinq.

*

J'ai toujours eu l'impression d'être connu, même quand je ne l'étais pas. C'est que la vie a toujours été un grand village, pour moi.

Enfant j'étais très connu dans mon village parce que je faisais des conneries. Plus tard, j'étais connu dans mon lycée, toujours à cause de mes conneries... et ça continue !

*

Marcel Herrand avait ce mot fabuleux quand il voyait quelqu'un dont la tête enflait : « Il se croit arrivé, c'est qu'il n'allait pas loin. »

*

Pour moi le comique est souvent une chose involontaire. Je suis un peu pervers. Ce qui me fait le plus rire, c'est la platitude et l'ennui.

*

Je suis aussi neuf que n'importe quel débutant quand je commence un film, ou alors je ne suis pas en état de grâce. Je crois que si on n'est pas dans le sentiment de redébuter à chaque fois, on ne peut pas être dans un film.

*

J'étais débutant et sur un plateau. Un cameraman me dit : « Avant de démarrer tu te dis à l'intérieur : "Alors il m'a dit : Madame, je suis très heureux, etc." »

Et voilà, tout à coup on se dédouble, je ne sais pas où il avait trouvé ça.

Maintenant je le fais totalement inconsciemment, au moment où je vais tourner, je me vide de tout. « Alors il m'a dit »... et je revis.

Il m'a appris comment renaître. Ce n'est pas un « truc » et ce n'est pas professoral. C'est évident, c'est tout.

*

On peut avoir des imaginations opposées au départ et qu'elles se rencontrent. C'est comme les rivières, ça ! À condition seulement d'avoir une grande foi dans la sienne pour pouvoir donner de l'énergie à l'imagination des autres.

*

J'ai retrouvé dans le métier d'acteur le goût des escapades de mon enfance.

*

Être acteur, cela demande une espèce d'énergie, de vie, une énergie musculaire et le jour où on ne peut plus le faire, cela correspond avec la page qui se tourne.

*

Un jour je suis allé dans un cinéma qui était fermé depuis vingt ans et véritablement ça sentait encore la pellicule et le public.

*

Si on commençait l'interview demain ? Parce qu'en vérité ma carrière commence demain.

J'ai tellement peu de mécaniques, je suis toujours à la recherche de l'équilibre entre le cadre, le texte, les partenaires, mon humeur. On ne dit pas « je t'aime » de la même façon quand on a mal aux yeux, une tendinite ou mal aux dents.

*

Quand on joue le pittoresque d'un personnage, on est tout de suite dans le pléonasme.

*

Il n'y a rien de plus difficile que de jouer un brave type, on ne peut s'accrocher sur rien.

C'est pourquoi les regards dangereux je les garde pour le brave type, pour lui créer des arêtes. Il faut lui trouver un défaut, absolument, pour s'appuyer dessus.

*

C'est un métier dans lequel on a rarement la température qu'on souhaite, ou il fait trop chaud ou il fait trop froid.

*

J'aime bien découvrir les pays où je tourne, je n'aime pas y aller auparavant, j'aime avoir l'enthousiasme de la première fois.

*

Dans ma vie professionnelle, il y a une espèce de dynamique : on me redécouvre tous les cinq ans.

Heureusement, j'ai joué des personnages comme Dupont-Lajoie, parce que sans ça je me serais abîmé, je serais devenu une confiture de brave type. Finalement je me suis aperçu qu'il n'y avait pas de différence physique entre un salaud et un homme bien.

*

L'avantage d'un acteur, c'est que ça trouve sans chercher. Tout à coup il est dans le secret des mots.

*

On croit toujours qu'un comédien, c'est quelqu'un qui regarde et qui reproduit. Ça, c'est l'imitateur. Mais un comédien, c'est un homme qui se fond au terrain, au film, au ton des autres.

*

La séparation arrive à la fin du film. Tout ça, ce sont des mariages provisoires.

*

Je n'ai pas fréquenté d'école de comédie, je me suis débrouillé, j'ai écouté la musique des mots et des autres acteurs. Pour *Bouvard et Pécuchet,* aucun problème. C'était d'une facilité ! Facile comme un très bon vin. Le seul problème, c'est que par moments je me surprenais à admirer Marielle.

Ce qu'on aime dans ce métier, ce qu'on aime finalement dans un tournage, c'est une espèce de prise en charge.

*

Un rôle, c'est un passeport pour le plongeon.

À propos de mon personnage de Scipion dans *Mangeclous* de Moshe Mizrahi (d'après le roman d'Albert Cohen)

*

Comme Scipion je suis un peu « collecteur de rencontres ». Il se nourrit des gens qu'il croise. Il fait preuve d'enthousiasme, de jovialité et aussi d'une certaine naïveté. Je crois que ce qu'il inspire aux gens est assez proche de l'effet que je produis moi-même.

Pourtant au départ je ne voyais pas très bien ce que je venais faire dans cette aventure. En outre, Scipion parle avec un fort accent marseillais, et je n'aime pas prendre les accents. Sauf l'accent paysan, mais celui-là, je ne le prends pas, je le retrouve.

Je n'étais pas effrayé par le côté extravagant du personnage, car, après tout, je me promène depuis quelque temps d'infirmes en bossus, en passant par les travestis, mais je trouvais choquant qu'un homme du nord de la Loire prenne l'accent méridional.

Et puis Moshe m'a expliqué que le personnage de Scipion était dans l'esprit de Cohen conçu en hommage à Marcel Pagnol.

Là, il y a eu comme un déclic. Ensuite, à travers le costume, j'ai retrouvé ma culture des « films du sam'di soir », avec ces comiques marseillais très typés, complètement coupés de la réalité.

Alors j'ai eu très envie de jouer Scipion.

Scipion est en fait aussi extravagant que les Valeureux.

Un ami technicien, qui me connaît depuis vingt ans, m'a dit qu'il avait eu du mal à me reconnaître à l'écran.

Même moi, j'ai eu du mal.

Comme si je m'étais fait avoir par Scipion...

La vie, et la suite

Je crois que je n'aime pas la vie, je crois que j'aime rencontrer la vie.

*

Si je produisais mes Mémoires, j'aurais l'impression de m'amputer de ma vie. J'ai l'impression que, de la vie, je n'ai connu que les rumeurs.

*

Je me sens insignifiant et, comme l'insignifiance, je suis lourd à porter. Parfois quand je me regarde dans une glace, j'en vois un autre. Celui qu'on me menaçait de devenir si je n'étais pas sage. Il est comme moi, il n'est pas fini.

*

Le péché c'est de refuser de vivre.

L'exemple de mon sentiment profond, c'est d'avoir été témoin de la révélation de ceux qui avaient disparu dans les camps et de me poser la question : comment ont-ils pu ?

Moi et le pape, on n'a qu'une vie, on se répète.

*

Quelquefois je fais un feu et j'y jette les souvenirs et puis je les retire des flammes au risque de me brûler, par crainte de ne pouvoir vivre sans eux.

*

J'aime le provisoire. Rien n'est terminé dans ma maison. Je suis tellement absent que, même chez moi, je suis en visite. Quelquefois ma femme me le reproche.

*

J'aime bien lire le journal des écrivains, c'est comme si on regardait par le trou de la serrure.

*

Les chats marquent leur territoire, les hommes aussi... et c'est l'envie éternelle. Cette marque est indélébile.

*

Est-il possible que dans ces déjections on trouve un lombric vivant et bien vibrionnant ?

Je vis avec ma vérité. J'ai la chance d'avoir des plaisirs faciles.

*

La vie est comme une bouteille de vin, c'est une addition de senteurs et d'arômes qui forment un tout.

J'aime la vie pour le goût de la vie.

*

À bien voir, je sais toujours m'auto-réconforter. Chaque fois qu'il m'arrive de ne pas avoir la main, je m'enferme, je tire les rideaux. Et je laisse la vie passer.

*

Au bout d'un moment d'inactivité je commence à m'éteindre. Je flâne d'abord... puis j'erre... et je fais les cent pas sous les platanes comme dans une cour d'internat : je piétine, je m'enferme, je ne vois plus mes amis.

*

— Pourquoi m'as-tu donné la vie, mon Dieu ?
— Pour te la reprendre.

*

Disons que j'ai eu une vie banale, mais ce qui fait la différence avec ceux qui ont une vie banale, c'est que je m'en souviens.

Ma vie a changé depuis que j'ai acheté des crayons de couleur.

*

Il y aura un moment où même l'idée de l'existence du passé de l'homme aura disparu.

*

Chaque année à la veille du 11 Novembre décèdent un grand nombre d'anciens combattants. Cruauté du sort, ils n'ont pas pu jouir de l'anniversaire de la Victoire.

Si vous ne me croyez pas, lisez le Carnet du *Figaro* le 10 novembre prochain.

*

Quand on a mon profil, une prédisposition à flâner, tendance à hésiter, il faut s'attendre à une vie pleine de turbulences.

*

L'engagement peut empêcher le développement.

Je suis capable de m'engager à fond dans des choses frivoles.

À bien voir, je m'engage à fond dans tout ce que je fais.

Un esprit chagrin dirait que le monde est pourri, que la société se décompose.

Ça n'est pas un signe de mort, c'est un signe de vie.

*

J'aime bien être dans l'obscurité et l'ignorance. Je me retrouve dans le noir du ventre de la mère.

*

Ce qui est inquiétant c'est que je deviens plus fort en paroles qu'en actes.

*

Devenir trop raisonnable, perdre tous mes désirs, pour moi ce serait ça vieillir.

*

Je vais retrouver mes amis, ceux qui parlent tout seuls dans la rue.

*

Le jour de mon anniversaire, j'ai commencé à ressentir que je n'étais plus des vôtres.

*

Après les temps morts, ce qui me fait peur c'est la réaction. Est-ce que je ne vais pas réagir au-dessus de mes moyens et de ma condition physique ?

Mon corps est encore jeune, mais, au niveau des dents, je fais mon âge... voire même un peu plus.

*

J'ai toujours un peu peur quand la vraie nuit se met à tomber, c'est pourquoi j'aime tant les volets, qui font des nuits artificielles. Je suis peut-être arrivé à l'âge où, sans le savoir, on se prépare à la venue d'une grande nuit.

*

Assez tard dans ma vie, je suis retourné voir la maison de mes parents. Je suis entré et j'ai vieilli.

*

Est-ce que je serais vraiment hors d'état ? Il m'arrive de rêver aux jeunes filles.

*

Troubles fonctionnels : page 262 du *Dictionnaire des médicaments homéopathiques.*

Berlue : Sensation visuelle d'objets qui n'existent pas. La berlue est à la vue ce que le tintouin est à l'ouïe.

*

On n'arrive jamais qu'au cimetière et c'est bien ce qui me fait le plus chier dans la vie.

La vie me quittera, mais je n'ai pas envie de la quitter.

*

Quand la nuit tombe, j'ai peur du loup, c'est peut-être parce que je suis de la campagne.

Ce ne sont pas des cris, c'est quelque chose, une mutation, une mutation quotidienne, mais quand même une mutation.

*

Quand je n'aurai plus cette sollicitation sourde que j'ai de parler et de connaître les gens, c'est peut-être que je serai usé.

*

La vie ? L'attaque est forte, le problème, c'est de s'en sortir. Le sommeil profond m'effraie, c'est une chose dont on risque de ne pas se remettre.

*

Je suis précoce en tout, je suis vieux avant l'âge.

*

Un jour viendra, bientôt, où on nous apprendra que le dernier combattant de la guerre de 14-18 a passé l'arme à gauche et il n'y aura plus de lien entre l'extrême passé et moi. Déjà je n'ai plus de relation directe avec cette époque depuis que papa nous a quittés.

*

Bientôt, avec les apparences de la vieillesse, je ne pourrai plus dire de cochonneries.

*

Le haut va et le bas se maintient.

*

Je me suis aperçu que j'y étais presque et qu'il n'y avait pas beaucoup de temps à perdre. Entre le sarrau de mon enfance et le costume en sapin je n'aurai pas usé beaucoup de vêtements.

*

J'ai pris l'habitude d'être jeune, je vais avoir du mal à changer mes habitudes. Je mue, il va falloir apprendre un autre mode d'emploi.

*

Écrire mes souvenirs ? Un jour, quand j'aurai l'âge...

*

Ma veste de tweed devient fatiguée et bientôt mon blazer croisé n'aura plus d'allure.

Ma longévité dépend de ce qui reste de ma garde-robe.

Cette gageure, brillante au début, finira-t-elle lamentablement ?

*

La mort : c'est tout d'abord un espace infernal, un lieu où on va rencontrer tous ceux à qui on a posé un lapin.

*

On quitte tous la vie et on rentre dans une légende, quelquefois familiale, où on ne retiendra de nous que la marginalité ou ce dont on n'osait pas rire.

*

J'estime que quiconque aura eu son dernier souffle quand j'avais mon premier est mon contemporain, et réciproquement.

*

Je vois le petit pas qu'il reste à franchir avant le trou.

On est tenté de le franchir.

L'idée de le franchir ne m'est venue que le 25 avril 1990[1] ainsi que l'idée de ce pas. C'est la première date fatidique.

1. Le jour de ses soixante-dix ans.

Je suis ébloui.

Comment reculer non pas l'échéance de l'événement mais l'échéance de l'idée ?

*

La mort, c'est se retrouver tout seul dans sa grande surdité à ne pouvoir percevoir rien des messages de sa nuit.

*

— Qu'est-ce que vous aimez ?
— L'existence.
— Qu'est-ce qui vous ennuie ?
— L'existence.

*

Je considère la vieillesse comme une insulte. Je vais finir dans le désordre.

*

Âge : Je veux jouer les prolongations. Encore vivre une année bissextile.

*

Je me trouve au guichet quand cruellement elle me dit :

— Plus de soixante ans ?

Vous me mettrez dans un grand cercueil, comme ça on croira que...

Au cabaret

Ces quelques textes ont été dits, ou en tout cas essayés par Jean, dans divers cabarets. La plupart du temps, ils n'ont pas fait rire. D'ailleurs, à ce propos, Jean a parlé lui-même de « l'art du bide ».

Ma femme ne sait pas ce qu'elle veut, elle dit tout le temps que je me fais avoir :

— Tiens, ton costume neuf c'est de la saloperie, on voit le jour au travers !

Elle ne sait pas ce qu'elle veut, on habite un rez-de-chaussée et elle se plaint tout le temps qu'on ne voit pas le jour !

*

Mon fils de trois ans et demi est en avance, il écrit sur les murs : « Papa est un con. »

D'abord il sait écrire, connaît l'orthographe, en plus il sait que je suis un con, à trois ans et demi ! Quelle avance !

Maintenant, la nuit je fais des cauchemars, je rêve que je suis Louis XVI, et qu'on me coupe la tête.

Immédiatement après je rêve que j'ai soif, alors le supplice commence.

Boire sans tête !

*

Moi qui ne parle aucune langue... je rêve en anglais ! Je suis obligé de passer la nuit avec un professeur de langue pour savoir ce qui m'arrive.

*

Je vous ennuie peut-être avec mes histoires, mais dans la vie on a avantage à se connaître quand on doit passer un moment ensemble.

*

J'ai ressenti les premiers symptômes de mon mal le jour de la fête de Jeanne d'Arc.

Ce matin-là, en me rasant, qu'est-ce que j'ai vu apparaître dans ma glace ? Marie de Médicis !

Pour me rassurer on m'a dit que c'était une glace ancienne, qui avait de la mémoire, mais moi je sais bien que c'était dans ma pauvre tête que ça se passait.

Alors le psychanalyste a recherché mes antécédents, dans ma vie antérieure, et il a découvert qu'avant d'être ce que vous avez devant vous, j'ai été une arbalète, un poisson chinois et un œuf.

J'ai même été un amant merveilleux au XVIe siècle.

J'ai dû beaucoup me fatiguer.

*

Comme c'est ma représentation d'adieu, plusieurs pièces de mon vêtement seront vendues à la sortie.

*

Le physique, ça compte dans la vie.

J'aurais pu être un grand artiste, seulement il me manquait vingt centimètres pour faire un beau jeune premier. J'ai écrit à une annonce de journal. Vous savez : « Grandissez de vingt centimètres à n'importe quel âge. » Ils m'ont envoyé un petit banc, avec la façon de s'en servir. Bien sûr quand on monte dessus ça grandit, mais ce n'est pas pratique pour marcher.

*

J'ai débuté dans le comique.

Comme je n'arrivais pas à faire rire, j'ai décidé de faire pleurer.

C'est là que j'ai commencé à faire rire.

*

En réalité je suis un acteur de composition. Un rien me transforme.

(Il sort une petite moustache ou un postiche quelconque de sa poche et se l'ajuste.)

Méconnaissable n'est-ce pas ?

Il suffit d'un petit artifice et je suis un autre. C'est ça le talent ! L'important c'est de se transformer : je vais vous faire une tête d'imbécile, sans rien !

(Il la fait.)

J'ai connu un acteur de composition formidable, près de lui je suis un enfant.

C'est mon maître, je lui dois tout.

Quand il ne voulait pas qu'on le reconnaisse, il se laissait pousser les ongles.

*

J'ai écrit : *Bergerettes et Pinsons*, chanson d'harmonie initiative. Et je prépare *Le Twist des insectes*, c'est l'histoire d'un mille-pattes qui danse le twist et qui attrape une déviation de la colonne vertébrale.

J'ai une vie très intéressante, il m'arrive toujours des choses.

Cette nuit par exemple, j'entends un bruit, je me dis : « Tiens ! Le chat doit être sous le lit ». Je me lève, je regarde sous le lit, qu'est-ce que je trouve ? Le chat ! C'est intéressant...

Plus fort encore : tous les ans au mois de juin j'ai le rhume des foins. Cette année je l'ai maintenant, ça change.

Il y en a qui tous les matins se lèvent à la même heure, moi un jour c'est huit heures moins le quart, le lendemain c'est huit heures moins dix, y'a pas de règle.

Vendredi, au lieu d'un hareng je me ferai un merlan. Jamais la même chose !

J'ai fait la connaissance d'une femme, je lui ai dit : « Venez passer la soirée chez moi », elle me répond non. Encore un souvenir.

Quand je fais la connaissance de quelqu'un, je dis : « Enchanté, monsieur » si c'est un homme, et « enchanté, madame » si c'est une femme.

Et j'ajoute : « D'où êtes-vous ? »

Vous allez comprendre pourquoi. Je fais votre connaissance, vous êtes un homme, « enchanté, monsieur, d'où êtes-vous ? »

— Je suis du Mans.

Je dis :

— Ah oui, les rillettes !

Vous êtes content, je connais votre pays ; moi je suis content, j'ai l'occasion de montrer ma culture.

« Enchanté, madame, d'où êtes-vous ? » Elle me répond :

— Je suis de Roncevaux.

Ça évoque Roland et son cor.

Alors je lui ai parlé du mien.

Ça tombait bien, parce que c'est un sujet qui n'intéresse personne.

A la maison, ils ont poussé la cruauté jusqu'à le boucher à cause des voisins.

Je n'ai pas un cor extraordinaire, mais je l'entretiens bien, je le frotte. Je l'astique avec une peau de chamois. Et un cor bien entretenu, on peut s'en servir toute une vie.

Je ne m'ennuie jamais avec mon cor quand je suis triste. Quand je suis tout seul, je trempe mon corps dans l'eau. Et chacun sait que tout cor plongé dans un liquide reçoit une poussée verticale égale au poids du liquide déplacé, alors je regarde flotter mon cor.

Mes amis m'ont inventé

Sans mes amis je ne serais rien, c'est eux qui m'ont inventé.

*

Le plaisir d'être là, dix secondes sans rien dire, juste à les regarder. Je vais faire en sorte que tout s'éloigne afin de garder d'eux une mémoire opaque.

*

Je préfère le téléphone télépathique : quelquefois il sonne occupé et quelquefois il me répond.

*

J'ai connu tous ceux qui me sont chers, avant qu'ils existent pour le public...

Enfin, presque tous. Parmi ceux qui manquèrent à ma vie, il y a mon grand-père, dont je ne cesse de découvrir l'originalité. Émile, qui m'apprit à rêver, et M. Ducheval [1], celui que je suis en train de devenir et que j'ai toujours secrètement envié.

1. M. Ducheval était un vrai cheval qui vivait près de chez Pierre Tchernia et avec lequel Jean entretenait des relations chaleureuses et amicales.

L'amitié, c'est pouvoir faire les poches de quelqu'un et qu'il fasse les vôtres sans que cela dérange l'un ou l'autre.

*

Parfois je manque d'un ami, d'un auditoire perceptif, du « genre moi ».

Mes amis me valorisent. Hors de mes amis, je perds 40 % de moi-même.

*

Demander à tous mes amis comment ils étaient enfants, et constituer ainsi une école idéale.

*

La qualité d'une relation n'est pas un hasard. Lorsque je tiens à quelque chose ou à quelqu'un, je le transporte avec moi.

*

Avec chacun de mes amis, qui sont tous des spécialistes, j'ai un discours différent. J'en ai qui ne sont pas feignants sur le zinc. J'ai aussi parmi mes amis un orientaliste distingué qui fait tache au milieu d'une bande de rougeauds.

*

J'aime toucher mes amis au visage, doucement, pour sentir leur « viande ». C'est pourquoi Fields et

Laughton sont mes acteurs favoris. Depardieu aussi bien sûr, il y a de la matière.

*

Mon ami qui se faisait rajeunir en Bulgarie est mort.

*

Je ne ressens pas la brûlure des offenses.

*

J'écris des lettres d'excuses à tous les gens que j'ai cru blesser.

*

J'ai horreur du rire victorieux.

Le rire n'est pas le mépris et ça n'est sûrement pas le désaccord. Qu'est-ce qui me fait rire ?

Tout, tout le monde. Ne me demandez pas qui, je ne veux pas me dévoiler. Le rire c'est secret, c'est sérieux. Je n'aime pas qu'on dise : « Tu me fais rire », quand on est sceptique.

*

Je peux me mettre à la place de beaucoup de gens, mais pas à celle d'un homme politique. Il est préférable d'appartenir à un ghetto énergique que de croupir dans une majorité inerte.

J'ai beau être un cancre, je suis toujours ami avec les bons élèves.

*

J'ai longtemps pensé que je pouvais construire une enceinte où nous pourrions vivre d'une façon autonome.

Toutes les réfutations étaient refusées, telle que la possibilité de faire soi-même le courant électrique grâce à une éolienne puisque l'EDF ne pourrait pas venir contrôler nos compteurs.

Toutes les productions étaient envisagées.

J'ai abandonné le projet aux abords de la quarantaine.

*

J'ai repris ma vie mondaine, je suis allé à la réception du commissariat de Sèvres.

Quelques-uns de mes amis

André Frédérique

Il y a de moins en moins de gens vivants qui ont connu Fred, c'est pourquoi il faut que je parle de lui, pour qu'il reste.

*

C'est à Nanterre, le 27 février 1915, que le destin apporta à Fred ce qu'il appelait « la douleur de vivre ». Fils d'un commissaire de police (plus tard il appellera les agents les *messieurs de papa*), il fut un enfant craintif, très attaché à sa mère et à une femme qui lui enseignait le piano.

Il connut le théâtre par les billets gratuits qu'on donnait à son père.

Au lycée Louis-le-Grand, sa voix de fausset faisait de lui la risée de ses camarades. On l'appelait « madame ». Il eut à en souffrir.

Grâce à un orthophoniste, il mua et prit une voix très grave et très belle.

Dans toute son œuvre on trouve des appels à l'enfance, dans *Histoires blanches* surtout. Il passa son bac avec 15 en philo, dépourvu de toute vocation il se laissa pousser vers la pharmacie, qui était le métier de son parrain.

Le goût du dérisoire l'habitait déjà.

Tout cérémonial lui apparaissait comme matière à rire.

Il fit connaissance d'une demoiselle Michaud, fille d'un père quincaillier et conseiller général de la Seine. Il se fiança et se maria comme s'il s'agissait d'une bonne blague.

En fait, il entrait dans un milieu social très sérieux, qui allait révéler chez lui une puissance comique formidable. Il connaissait déjà l'étonnant Georges Lhoir, que tout le monde appelait Geo, personnage très pittoresque, très redoutable, fils d'un fabricant de savon.

Ce Geo allait tomber devant Bergson, quand celui-ci sortait de son cours au Collège de France.

Comme Bergson avait écrit que le rire naît d'un sentiment de supériorité, Geo se relevait piteusement et lui demandait :

— Avez-vous ri, monsieur Bergson ? Est-ce cela le rire, monsieur Bergson ?

Il affirmait que Bergson n'avait jamais ri en le voyant tomber.

Geo et Fred, qui étaient inséparables, affectaient une diction scandée, très particulière.

Les mots prenaient avec eux une force jaillissante.

Marié, médecin auxiliaire pendant la guerre, Fred devint pharmacien à La Garenne-Bezons.

Il se fichait totalement de son officine, qui était toujours très sale, au point que les enfants écrivaient dans la poussière de la vitre : « Frédérique est un cochon. »

En fait, il passait sa vie dans une autre pharmacie, que tenait précisément son ami Geo, à Paris, rue des Trois-Frères.

Moi, à l'époque, j'étais un peu clodo, et je vivais là, dans une petite pièce qu'on appelait le capharnaüm. On y trouvait vraiment de tout.

C'est là, rue des Trois-Frères, qu'est né le mot « ringard ». Je dois dire comment ce mot est né, c'est très important, et Jean-Marc Thibault peut en témoigner.

Georges Lhoir, dit Geo, avait un garçon de pharmacie assez innocent, « un grand jeune homme qui a de l'eau dans la tête », comme disait Fred, préparateur bidon, étrange, qui nous amusait beaucoup.

Un soir, dans une pièce d'Ibsen, Fred et Geo découvrirent deux personnages qui s'appellent quelque chose comme Rimgard le vieux et Rimgard le jeune.

Ils trouvèrent que Rimgard le jeune ressemblait au garçon de pharmacie et lui appliquèrent aussitôt ce surnom, qui fit florès.

Un ringard, c'est en principe un acteur qui n'a pas réussi. Mais il peut s'appliquer à des crétins en général.

La définition s'est élargie. Jean-Marc Thibault a

commencé à l'introduire dans ses sketches, et plus tard Maurice Biraud.

Il y avait toujours une Mme Ringard quelque part. Fred lui-même en donna la définition dans son *Dictionnaire du second degré.*

Sans aucune perversité, il aimait les ringards. Un ringard était pour lui « un homme intéressant », et le mot « intéressant » voulait tout dire.

C'est un mot essentiel dans le langage « frédéricien ».

Le ringard lui apportait quelque chose. Mais il faut dire aussi que le ringard parfait était rare.

Il utilisait également le mot « rubéfiant ».

D'ailleurs, moi-même, je continue à l'utiliser de temps en temps. Je dis volontiers : « C'est rubéfiant. »

Je ne sais pas très bien ce que ça veut dire, mais lui non plus ne le savait pas.

Fred travaillait sur commande. Geo lui disait : « Fred, fais-nous rire », et Fred s'exécutait.

Il inventa plusieurs personnages, comme Mme Conacieux. Ce nom venait d'un comptable de Geo qui s'appelait Vartagnan. De Vartagnan, Fred passa à Mme Bonacieux, puis à Mme Conacieux, puis finalement à Mme la Connasse.

Je le revois encore, un jour, c'était pendant l'Occupation. Fred avait divorcé, bien entendu. Debout, immobile, il se mettait la tête dans une boîte en carton, dans la pharmacie de la rue des Trois-Frères. Geo lui demandait :

— Il est quelle heure ?

Fred ouvrait un des côtés de la boîte et répondait, devant les clients :

— Il est six heures. Coucou ! Coucou !

Il se mettait au piano, Geo au violoncelle, et ils donnaient des petits concerts. Ils jouaient des pièces aussi, comme *Le Drame des commodités.*

Fred traversait une période axée sur la scatologie. De cette époque datent le *Pamphlet contre caca,* et aussi *Le Pipi est cousin du caca.*

Ce n'est qu'un peu plus tard qu'il s'écriera, sortant de cette période : « Aux chiottes le caca, c'est de la merde ! »

La pharmacie de Fred, évidemment, périclitait. Il ne renouvelait jamais ses stocks et prenait de l'argent dans la caisse quand ça lui chantait. Je l'ai présenté à Henri Parisot en 1944, c'est lui qui a publié son premier livre, *Ana,* dans la collection « Plaisir du Prince ». C'était fin juillet 1944, les Alliés s'approchaient de Paris.

Plus tard, il a connu une danseuse de flamenco qui s'appelait Imperio Salas. Une femme qu'il aurait dû garder. Elle l'aimait beaucoup.

L'Ordre des pharmaciens a fini par s'inquiéter de sa gestion. Il a dû vendre.

Vers la fin des années quarante, il est entré à *Paris-Match.* Il ne foutait rien, il entrait, il enlevait son manteau (il avait deux manteaux, un imperméable de demi-saison et un gros manteau d'hiver, sombre et lourd, qu'il appelait sa soutane), il restait un moment et s'en allait.

Il avait la réputation d'un météore. Si par hasard quelqu'un le demandait, on répondait : « Ah oui ! Son manteau est là ! »

Très apprécié tout de même, il s'occupait vaguement de la vie parisienne, et y apportait son humour. Il faisait aussi des critiques de cinéma.

Voici comment il parlait de deux films sortis en même temps :

Noblesse oblige : la raison mortuaire.

La Marie du port : la maison portuaire.

Il était encore plus que moi intéressé par les ecclésiastiques. Toute image de la respectabilité l'attirait, l'inspirait. Je me souviens de l'« abbé Poulaille », dans un de ses textes. Et il allait au bordel habillé en curé.

Il appelait le bordel le « paradis cieutique ». Il n'y allait pas seulement pour apaiser sa libido.

Il y trouvait tout un monde, qu'il aimait.

Je l'accompagnais assez souvent, je n'ai pas honte de le dire.

Paris Match l'envoya en Égypte, faire un reportage. La seule photo qu'il rapporta fut la sienne, devant les Pyramides.

C'était un homme très impécunieux, avec des histoires de monts-de-piété qui n'en finissaient pas.

Ses tirages restaient très confidentiels, celui d'*Aigremorts*, par exemple, en 1947. De temps en temps nous donnions une soirée poétique où nous jouions ses textes.

Il en donnait à la radio aussi, et à la Foire Saint-Germain, un cabaret.

Ces textes s'appelaient « La conférence sur les locomotives », « Le bon saint Martin », « Le four à œufs »... Beaucoup sont perdus.

Outre Mme Conacieux et le Ringard, il a aussi inventé la notion de « cerse ».

Un « cerseux » était un vieux con, un « codard » un jeune cerseux. La « cerse » était la femelle du cerseux. (Il la voyait comme une dame du Loiret, avec un sac noir et un col de dentelle), et la « cacoche » une jeune cerse. Dans *Poésie sournoise*, le personnage de Mme Élie est le prototype de la cerse.

Il rencontra Gérard Calvi, qui le présenta à Robert Dhéry. Il devint coauteur des *Dugudus.*

Jean Tardieu eut l'imprudence de lui confier la direction littéraire de son Laboratoire radiophonique où travaillait aussi Pierre Dumayet.

On y entendit des choses étranges.

Nous fréquentions aussi Guillaume Hanoteau, Alexandre Vialatte, Chaval, Pierre Tchernia.

Il reprit une pharmacie, au début des années cinquante, rue Montorgueil, et ce fut un fiasco total. Pour l'acheter il transportait dix-sept millions anciens dans une sacoche, en billets, et il criait à un copain, dans le métro :

— Dix-sept millions là-dedans ! Tu te rends compte ?

Il vivait dans un état de scandale permanent.

La deuxième pharmacie fit faillite plus rapidement encore que la première. Sa mère mourut sur ces entrefaites. Il en fut sans doute très affecté, mais en secret.

À un copain qui lui proposait de l'emmener au cinéma, il répondit :

— Oui je veux bien, mais voir un film en noir et blanc. N'oublie pas que je suis en deuil.

Son père mourut un peu plus tard. À l'enterrement, je me rappelle, l'appariteur funèbre lui dit, en montrant le caveau :

— Il y a encore une place.

C'était peu de temps avant son suicide, en 1957.

J'étais en Afrique quand il s'est tué, je tournais un film.

Les copains n'avaient pas voulu m'en informer. Ils sont venus m'attendre à mon retour. C'est là qu'ils me l'ont dit.

Il avait cinq ans de plus que moi.

Pour se tuer, il avait vraiment mis le paquet (il faut dire qu'il connaissait tous les trucs). Il a avalé un litre de marc, puis tout un tube de comprimés « pour faire dormir toujours », puis il a ouvert le gaz.

Il avait aussi un bouquet de fleurs à ses pieds.

C'était à cause d'une affaire de cœur.

Je n'aime pas beaucoup parler de ça.

Il transmuait en or subtil le plomb du quotidien paisible.

Philippe Soupault m'avait dit de lui : « On ne

peut pas prendre au sérieux ceux qui ne se prennent pas au sérieux. »

Il était d'une modestie incurable, sans aucun appétit pour la gloire littéraire.

Il composait aussi des *Poèmes dessinés*, et quelqu'un les projetait au Port du Salut. Je me rappelle un de ces dessins. C'était un meeting nazi. Hitler, dans une grande salle pleine de fidèles, montre du doigt un kangourou et dit : « Je ne continuerai mon discours que quand ce monsieur sera parti. »

Un kangourou, c'était un peu tout le monde. Le monde était peuplé de kangourous.

Il faisait aussi des inventaires, des listes de personnages et d'objets, un peu comme Perec.

Le veau avait pour lui une véritable importance.

Il disait que j'étais l'inventeur du cinéma à l'envers, « par éjaculation prénuptiale simulée », un truc d'illusionniste que je faisais de temps en temps.

Il collectionnait les papiers d'huissiers.

Il appelait le soldat inconnu « l'imprudent ».

Nous avions inventé toute une série de jeux, comme l'Autodroum, en hommage à un autre de ses personnages qu'il appelait Mme Roum.

L'Autodroum, c'était une sorte de jeu de l'oie vivant.

Nous investissions toute une rue et nous allions de case en case, selon des règles bien précises.

Naturellement certaines cases coïncidaient avec des bistrots. Il fallait s'arrêter et boire un coup, cela faisait partie des règles.

On s'en mettait bien évidement plein le nez.

Nous pratiquions aussi le jeu des abbés. Quelqu'un donnait le nom d'un abbé, un autre devait donner le nom d'un autre abbé, en établissant un rapport logique avec le premier. Et ainsi de suite.

Un autre de ses personnages familiers s'appelait « Mme Tapotour ».

Un jour que j'étais chassé de mon logement (avec déjà de la famille), je vais le voir dans sa pharmacie de la rue Montorgueil et je lui dis :

— Il faut que tu me dépannes de cinq mille balles (anciens).

— Pas de problème, me dit-il.

Il me fait un chèque sur une banque située près du Jardin des plantes, le quartier de ses parents. J'y vais à pied, n'ayant pas de quoi me payer le métro.

J'arrive là-bas, un employé me rit au nez et me dit :

— Cela fait je ne sais combien d'années que ce monsieur n'a plus de compte ici. Et croyez-moi, nous ne le regrettons pas !

Je retourne à pied rue Montorgueil. Furieux, je lui dis :

— Mais pourquoi tu m'as fait ça ?

— Parce que tu as vécu heureux pendant deux heures.

Il m'a répondu ça, j'en suis sûr, sans perversité.

Je pourrais parler longtemps de cet homme. Indirectement, il a influencé tout l'humour d'une époque, parce que nous l'avons distribué partout.

Maintenant, c'est comme s'il n'avait pas existé. Il faudrait réinventer sa vie.

Jean-Pierre Coffe

— Je peux vous dire que vous avez de la chance d'avoir comme ami Coffe.

— Moi c'est pas pareil, il m'a entraîné dans le péché.

Comme tous les apatrides ou les réfugiés, il cherchait une région.

Il a trouvé dans l'Anjou le lieu où le vent souffle fort.

Coffe est une bonne illustration de l'amitié, je me vois en lui et j'espère qu'il se voit en moi.

J'aimerais prendre le train et faire des voyages à la carte avec Coffe, comme quand il faisait le marché à la télévision. Je suis envieux de lui quand il parle, envieux de ses mots et de ses promenades dans son jardin.

Michel Audiard

Voilà... Dans la préface d'un livre de Michel, on lit : « Michel Audiard est né le 15 mai 1920 à Paris, dans le XIVe arrondissement (détail, je cite, auquel il a l'air de tenir). Il a écrit les dialogues de quelques films, en a mis en scène quelques autres. Plus d'une centaine, dit-on. » (Fin de citation).

Il a écrit aussi des livres.

Le premier est dédié à Cri-Cri, sa femme.

Un autre à Vercingétorix. À qui il devait en vouloir car on peut lire en dédicace : *À Vercingétorix, le premier malfaisant de la liste.*

Un autre encore, à moi. Puisqu'il prétend avoir été inspiré par une scène de ménage dont il fut témoin sous mon toit. C'est vous dire notre intimité. Et c'est pourquoi, il me pardonnera de m'associer à cet hommage.

L'idée d'hommage, surtout quand il s'agit de lui, le révulse !

Alors, demain dimanche, je me rendrai à Dourdan. Je pousserai la porte de sa chambre, sans avoir cogné.

Il me reprochera mon sans-gêne.

Et il m'accueillera d'un : « Je t'ai vu aux *Césars*... Bravo ! », suivi de sarcasmes. Je ne m'en tirerai qu'à l'heure du déjeuner. Car le bougre a une pendule dans l'estomac. Et puis on est dans la saison de la coquille Saint-Jacques et de la belle sole.

À table, loin des idées reçues et de la casquette, je serai sous le regard d'un petit garçon impatient en train de nouer sa serviette et couvant de sa tendresse femme, enfant, petit-fils, vieux amis.

Si le vin est bon, nous mettrons peut-être à exécution notre vieux projet : aller à Charleville fleurir la tombe de la mère Rimbaud, maltraitée par l'histoire, pour lui rendre compte des méfaits de son fils Arthur.

Ou il me racontera l'après *Garde à vue*, l'après *Mortelle randonnée*. Là où la plume le démange.

Je ne parle jamais de Michel, je n'y pense qu'au présent, il n'est pas un souvenir, il est indissoluble de ma vie. *Indissoluble de ma vie.* Ces mots je les sors de son livre *Le Jour, la nuit et toutes les autres nuits*, où sur la page de garde flamboient deux vers de Rimbaud :

Tu verras, je hurlerai dans les rues
Je veux devenir fou de rage.

— V'là que tu t'embarques ! me dira-t-il.

C'est vrai, je n'étais là que pour une phrase qui n'est pas une citation.

C'est une bien bonne chose que d'avoir un ami véritable et je te remercie, Michel, de m'avoir fait connaître ce sentiment, procuré cette sensation.

Gérard Depardieu

Chez Gérard, tout vient de l'odorat. Il ne vous regarde pas, il vous hume.

Quand la senteur est bonne, son pouls est calme et harmonieux. Si l'odeur lui déplaît, la tempête enfle ses narines.

Donc, de Paris jusqu'à Châteauroux, par les routes buissonnières, il s'est empli de l'arôme des vouvray, des bourgueil, des chinon.

Il a franchi les terres qui donnent soif.

Le vent sans doute soufflait de l'ouest, transportant d'irrésistibles effluves, car comme Cyrano qui tombe de la Lune, il a atterri dans la cour du château de Tigné, en Anjou. Là où il y a encore des moulins à vent.

C'est ainsi que j'écris l'histoire et si j'y mets

quelques formes, Gérard ne me contredira pas. Tout au moins sur le fond.

Un matin, comme dans l'Évangile, il y avait là Jean, Patrick, Jean-Pierre, moi, et pas d'autres.

Il nous a dit : « Venez me retrouver chez nous. »

Il nous attendait devant le portail de la maison, incontestable et présent avec tout son poids de chair et d'âme, comme né avec les murs.

Bien sûr, on a fait sauter le bouchon. Son nez s'est attardé autour du verre, c'était bon, c'était sincère. Mais là est apparu ce qu'on sentait déjà.

Il aimait bien, d'accord. Mais il rêvait d'un vin pour lui et pour nous, dont il connaîtrait le secret... et que d'autres pourraient aimer.

Et puis la lumière se fit sur quelques zones d'ombre de la vie de Gérard.

Se fondant parfois dans la nature sous prétexte de repos, je l'ai même soupçonné, quand il préparait certains rôles, de s'enfermer dans de mystérieuses retraites.

Eh bien non ! Il partait tailler la vigne avec des copains de Bourgogne, donner un coup de main... apprendre !

C'était avant les premières vendanges. Gérard a depuis transporté sa garde-robe. Nous avons à Tigné nos brosses à dents, nos chambres, nos couettes, nos édredons en plume pour l'hiver.

Après de chaudes journées et de solides casse-croûte, nous passons de belles nuits.

Ça n'est pas le Ritz. Gérard nous a prévenus que,

avant de faire les peintures, il faudra revoir la plomberie.

Mais ce qui compte avant tout, c'est les cuves.

Pour elles, ça va très bien. Gavées de raisins, elles ont toutes un prénom.

Dans le chais, Gérard les bichonne. Il hume, il espère, il écoute les bouillonnements. Il souffre.

Il remonte à la lumière, il arpente le vignoble, teste le grain gonflé qui lui crève dans les doigts. Je le soupçonne de parler aux grappes, qui savent tous les secrets de la terre mais qui ne les confient pas à tout le monde.

Il jette un regard sur le cimetière des fûts, là où l'histoire du terroir transpire sur les vieilles lattes.

On se retrouve à la cave, la pipette à la main, dans l'allée des barriques. Elles ont toutes un joli passé de bourguignonnes ou de bordelaises. Le vin sera bien dans leurs gros ventres pour y dormir, s'éveiller et grandir.

J'éternue. La fraîcheur de la cave.

Il me dit :

— Tu ne vas pas remettre ça ?

Allusion à cet hiver, quand un gros rhume m'avait privé d'odorat.

Pour me soigner, sous prétexte que l'altitude guérissait la coqueluche, il nous avait fait faire le trajet de Tigné en hélicoptère avec à bord quelques médicaments de la dernière récolte.

Il prend un vieux chapeau qui traîne sur un fût, sans doute piqué aux rempailleurs de chaises qui viennent aider aux vendanges.

Un dernier coup de pipette. On goûte. Gérard hoche la tête. Il respire. Je sais qu'il n'est pas là par un besoin d'ailleurs. Il est là parce qu'il aime.

— Ça va être bon ?

— Ça va être très bon.

Je retrouve nos mots d'acteurs :

— Je vais être bon ?

— Tu vas être très bon...

Dehors, une rumeur de tracteur.

Rien ne bouge.

Si : le nez de Gérard.

À PROPOS DE GÉRARD ET DE SA BIOGRAPHIE QUI VENAIT DE PARAÎTRE

On est toujours le biographe de ses amis. L'incantation rejoint le réel, l'anecdote en prend sur l'événement, on se crée sa vérité.

C'est bien qu'un Américain ait eu envie de faire cette biographie : il survole.

On ne trahit pas sa vérité physique et sa façon de paraître, quand on veut paraître.

Il n'a jamais vécu une vie d'enfant, c'est peut-être ça qui le trouble et dont il ne s'est pas remis.

Il y a ce Gérard grandi trop vite. Cet enfant de treize ans était déjà un gros adulte.

Il avait deux vies avec les Américains.

La journée avec les enfants de son âge et, le soir, de par son physique, il faisait la foire avec leurs pères.

Il a trouvé chez les acteurs une connivence spirituelle.

Dans la star, tout est dans le port de la tête.

Gérard, c'est un acteur national, promis à l'international et qui se réfugie dans le régional.

Il est arrivé à Cyrano, le héros. Il ne l'a pas joué sans nuance. Avec sa voix, son souffle, on sent qu'il est passé par les anti-héros.

René Fallet

Je rencontrais toujours René là où je ne l'attendais pas.

Avide de la rue, musette en bandoulière, à l'affût du passant exceptionnel qu'il crochetait du regard.

Notre peu de penchant pour les véhicules à pétrole nous avait réunis dans la confrérie des « piétons décapotables ».

Nous nous sommes connus très jeunes. Au moment de *Banlieue Sud-Est*.

Il nous a quittés très tôt.

Je suis sûr qu'il s'est dévoué en partant avant ceux qui l'ont suivi, et moi qui reste.

Il défriche les terres infinies et repère pour nous

les bons coins de paradis, la musette déjà remplie de trucs célestes.

À portée de regard j'ai conservé, inracontables, deux cartes postales récupérées au gré de sa folie piétonnière dans des endroits secrets.

Ces cartes postales qu'il envoyait avaient souvent servi. Elles étaient alors recouvertes d'une feuille blanche. Non par économie, comme certains le prétendent, mais parce qu'elles étaient un choix.

Ces deux-là disent tant de choses. Elles sont comme des bulles qui contiendraient l'air de René.

Georges Conchon

Le temps passera, je parlerai toujours de Georges au présent. Notre affection est intemporelle. On aurait pu être copains d'enfance en sarrau noir et en galoches. La vie en a décidé autrement. Nous nous sommes connus plus tard, mais personne ne nous a présentés.

Je me souviens d'un élan. Et sous le coup d'un clin de paupière, j'ai dû me dire : « Ce monsieur, à l'allure sérieuse, a un tel air sérieux qu'il faut douter de son sérieux. »

Et dans l'instant, nous avons scellé un grand pacte de rigolade.

Georges m'avait ouvert les portes de ses maisons.

J'y avais déjà ma chaise, sans le savoir, puisqu'à ce moment même il concoctait *La Victoire en chantant,* où, sans connaître mon tour de hanches, il m'habilla sur mesure.

« Rien n'est trop beau pour toi », me dit-il par la suite, en m'appâtant par une réplique.

Il écrivait *La Banquière* :

« Tu te plains de personnages débraillés, celui qu'on te prépare n'a certes pas une belle âme, mais nous le voulons dandy, un Jules Berry... Et il ajouta : nain. Tu n'es pas grand, d'accord, mais cette fois il faudra te rapetisser. »

Façon subtile de projeter la dérision, terrain où l'on se rencontre sans avoir pris rendez-vous.

Sur les bancs du Luxembourg, quand il exerçait au Sénat, nous avons eu de longs sourires en voyant passer le chaland.

D'accord, Georges aime la nature. Mais son paysage, c'est l'« Homme ». Et quand il m'a dit : « Allons nous promener en Auvergne », c'est l'Auvergnat qu'il m'a fait découvrir.

Avec tant de tendresse que maintenant je la partage.

Sa tendresse est contagieuse. Elle est en lui et parfois sous sa plume. Il n'a fallu que quelques lignes, très chastes, pour que je devienne fou d'une de ses héroïnes.

Les mots qu'il me glissait à l'oreille, quand j'en avais besoin, je les garde utilement pour qu'au moment voulu ils viennent à mon secours.

Je me sens à l'étroit dans la page tant j'ai envie de parler de lui.

Va... l'aventure n'est pas finie, ça ne sera jamais un monologue ! Généreux Georges !

Il est devant moi, il me souffle : « Tu vois, c'est dur d'écrire ! »

Je vois. Surtout quand on a de la peine.

Jean Renoir

O toi, ô ma belle inconnue,
Pour qui j'ai si souvent chanté,
fais-moi la charité.

Tous les amis qui étaient là n'ont pas à réveiller ce souvenir.

C'est l'instant du banquet d'où se dégage, comme on dit, une chaleur communicative.

Jean Renoir s'enfonce dans sa chaise et entonne *La Sérénade du pavé.*

Il y a autour de la table Françoise Arnoul, Fernand Sardou, Andrex, Pregor, Ardisson, Dominique Labourier, l'équipe du film, les femmes, les fiancés...

C'est la Saint-Jean (j'en profite et je remercie mes parrains avisés qui eurent l'idée de mon prénom ; grâce à eux, ce 24 juin, je fus le cofêté de Jean Renoir), c'est à Saint-Remy-de-Provence, pendant le tournage du *Petit Théâtre.*

On sortait d'un autre repas qui figurait au scénario, j'y séduisais Françoise Arnoul et ce fut mon plus beau cadeau.

Puisqu'on en est aux hommages, je lève mon verre de saint-nicolas-de-bourgueil à Jean Renoir qui, une fois, unique hélas, me fit goûter la griserie d'être un tombeur.

Aujourd'hui peut-être. Peut-être demain...

Sardou prend le relais et chante la paresse. Moi, j'aurais bien poussé la mienne, mais personne ne m'en pria.

Nous étions d'ailleurs déjà loin. Jean-qui-raconte nous transportait ; Carette, Gabin, Le Vigan, Michel Simon, Valentine Tessier, Jouvet et la grande troupe de Renoir nous avaient rejoints chez Marie à Saint-Remy-de-Provence.

Et Jean, qui sous sa veste de tweed avait mis ce soir un col blanc, souriait à tous ces personnages, satisfait « d'être avec de bons amis et de jouer à sentir cet invisible courant qui, dans le silence, règle les cœurs à la même cadence »...

La phrase est belle, elle est de lui.

Et voilà, les trois coups du *Petit Théâtre* viennent d'être frappés, loin des néons des grands boulevards, dans deux salles, au Marais et dans le XIVe arrondissement, près de cette rue du Moulin-à-Beurre, où devant chaque atelier il y avait un beau jardin. Précisément à l'*Entrepôt.*

Dans la cour du cinéma on voit encore des ombrages. Avec un peu de chance, on pourrait y trinquer, un soir, à la Saint-Jean.

Jean voulait faire ma connaissance. C'était avant *Le Caporal épinglé.* Il m'avait donné rendez-vous dans un fameux bouchon du VIIe arrondissement, *Le Sancerre.* Choix résultant sûrement d'une enquête où on l'avait renseigné sur mon penchant pour ce vin blanc. C'est donc devant une bouteille, bien fraîche et bien choisie, que la glace allait se rompre.

Préambules. Après l'avoir déglutie, elle fut suivie d'une deuxième, destinée à pousser jambon persillé, fromage de tête et chèvres de Chavignol.

Ces produits délicieux inspirèrent des couplets sur la terre et ses fécondités. La voie s'ouvrant aux confidences, je lui parlais de mon père qui, de son vivant, était récoltant de vin à Bourgueil.

Jean semblait, et il l'était, passionné par le pittoresque de mon géniteur, il me poussait au récit...

Je lui décrivais mon père physiquement. Son nez, son teint fleuri, ses moustaches. J'y mêlais son accent de Touraine.

C'était justement un rôle de paysan qu'il me réservait.

Je pris les devants.

Il était évident que, mêlé à des acteurs aussi fins que Cassel, Brasseur, Rich et Bedos, il ne pouvait être question de jouer mon rôle avec l'accent. Ça risquerait de faire opérette.

Non seulement Jean acquiesçait, mais il avait l'air de prendre à son compte ce raisonnement si évident.

C'était dans le VIIe arrondissement, et devant des flacons de sancerre.

*

Passèrent quelques semaines. Le film se tournait en Autriche. Jean nous avait priés, toujours très courtoisement et nul ne s'y opposait bien sûr, de lui faire le plaisir d'avancer notre arrivée sur les lieux du tournage... pour rire ensemble, pour rôder nos costumes, pour traîner avec lui sur les plateaux, sur le terrain où s'édifiait le *stalag*, dans les salles de maquillage, là où un perruquier distrait avait oublié un monstrueux postiche.

Je défie quiconque, homme ou femme, en présence d'une glace et d'une moustache — c'est un réflexe — de ne pas être tenté de se la coller sous le nez et de se contempler dans le miroir.

Ce que je fis.

Jean qui me surveillait d'un œil me rappela notre conversation. Est-ce le physique de mon père qui surgissait ? Je devais beaucoup lui ressembler.

Et me voilà rembarqué, mêlant texte du film et souvenirs. Patoisant avec délice.

Finalement, c'est avec l'accent de mon terroir que je me suis retrouvé dans le film. C'était la manière de Jean, qui vous amenait avec douceur là où il voulait qu'on aille. Le tournage fut un bonheur.

Après la fin du film, quand il était à Paris, j'allais le voir dans sa maison de l'avenue Frochot, où le temps semblait suspendu.

Puis ce fut le *Petit Théâtre*.

Il combattit vents et marées pour me faire jouer un séducteur.

Le temps passa. Jean devint malade, ce qu'on n'attendait pas de lui.

Loin de Paris et des images, il me reçut à Los Angeles, dans sa demeure pleine de soleil.

Il y avait là Dido, sa femme, il y avait là son secrétaire, il y avait là un grand portrait en pied de lui enfant, peint par son père. Il y avait là Jean amaigri qui ne quittait plus une chaise roulante. Jean et son immuable veste de tweed, coiffé de sa vieille casquette.

Il y avait aussi une bouteille de sancerre perlante de fraîcheur, qui m'attendait. Et il n'y avait qu'un verre.

Jean me demanda de déboucher la bouteille. Il se délecta du bruit du bouchon. Il me pria de remplir le verre, je m'étonnai.

— Il n'y a qu'un verre ? Je bois seul ?

— Hélas, buvez seul, me dit Jean. Buvez seul et je boirai votre plaisir.

Pierre Tchernia

L'objet que vous avez devant vous est un confessionnal de campagne. Il était utilisé par les aumôniers militaires sur les champs de bataille.

Celui-là donc en a entendu, de la mitraille.

Son installation était facile. Il fallait le déplier (l'objet est portable et pliant), le prêtre s'installant de ce côté, assis, et le pénitent de cet autre côté, à genoux, dans une position humble.

J'ouvre une parenthèse : l'objet ne fut jamais inscrit sur les listes du Mobilier national. À la séparation de l'Église et de l'État il fut détourné par l'abbé Dubourg, à l'époque aumônier au 9e train des équipages. Et quand celui-ci fit valoir ses droits à la retraite, il l'offrit à la sœur de ma mère qui s'était dévouée pour lui.

Que vient faire ce confessionnal alors qu'on fête tes quarante ans de télévision, mon cher Pierre ?

Ce matin je pensais à toi comme souvent le matin quand la pensée est encore fraîche. Et la lumière m'est apparue à la vue de cet objet qui est le meuble principal de mon appartement.

Comme vous le remarquez, le prêtre et le pénitent communiquent à travers cette lucarne grillée qui latéralement comporte treize lignes.

Ils se voyaient donc à travers treize lignes.

Si l'abbé Dubourg ne nous avait pas quittés avant 1948, il aurait pu, grâce à l'invention de Barthélemy, voir notre ami Tchernia à travers d'abord quatre cent cinquante-cinq lignes, puis huit cent dix-neuf lignes, incidemment quatre cent quarante et une, enfin en six cent vingt-cinq lignes si je ne m'abuse.

Regrettons-le pour lui.

Moi j'ai la chance d'avoir franchi l'image et de t'avoir connu avant l'image, en plein soleil. Mais que dire d'un homme avec lequel on ne s'exprime plus qu'en code ?

Qu'évoquent, pour tout autre que nous, M. Ducheval, M. Duchat, le magnum de champagne Salon, le pont de Bénodet et quelques autres prénoms ?

Alors Pierre, puisqu'il faut t'honorer, au nom de ces années sans un nuage, et du pouvoir qu'elles me confèrent, je vais accrocher mes bras à ton col et déposer sur tes joues deux gros macarons lippus en forme de baisers — les baisers de l'amitié, immense, fraternelle, fidèle, éternelle...

Je t'embrasse, Pierre.

Jean.

Discours prononcé à l'occasion de la remise de la Légion d'honneur à Jean-Claude Carrière

Quand je me réveille, à l'heure où les facultés mentales sont encore toutes fraîches, il m'arrive d'éplucher le carnet mondain d'un grand quotidien.

Ce matin donc, j'eus la surprise de découvrir le verset III de l'Évangile selon saint Matthieu :

« Bienheureux sont les artisans de la paix car ils sont appelés fils de Dieu. »

Si je n'étais pas perturbé par la situation dans laquelle je me trouve, j'aurais certainement tenté de t'accueillir dans l'ordre de la Légion d'honneur, cher Jean-Claude, en essayant de développer cette phrase.

Car tout dans ton œuvre, que ce soit franchement ou par le détour de la pensée et du mot, tout dans ton comportement, dans ton enthousiasme et dans tes angoisses, est un élan vers la paix et la dignité de l'homme dans la nature.

Mais je suis tellement perturbé que, n'en déplaise aux amis qui m'attendent au tournant, le sourire tout près de la commissure des lèvres, non je n'irai pas m'abîmer dans leurs rets et je ne me laisserai pas aller au lyrisme que motiverait un tel départ.

Je suis troublé. Bientôt la cérémonie me mettra dans l'obligation de te vouvoyer (ce qui n'est pas arrivé depuis le jour où j'ai fait ta connaissance).

Donc j'aborde un des plus redoutables rôles de composition qu'il m'ait été permis d'affronter dans ma carrière d'acteur inégal.

Alors je vais pousser l'orgueil jusqu'à m'approprier l'instant que nous vivons et en faire une affaire personnelle. À l'unisson, il y aura avec moi tous les personnages à qui tu as donné ton âme, les comédiens qui ont fait battre leurs cœurs, les spectateurs, les lecteurs, tes disciples (nous sommes dans une école), tes amis. Donc, moi qui suis tout à la fois ton interprète, ton lecteur, ton spectateur, ton ami, moi qui deviens iconolâtre devant ton œuvre graphique, moi qui ne sais plus auquel de toi je dois m'adresser tant ton jardin est florissant... Je pourrais m'escrimer dans la lecture de ta biographie, je n'y parviendrais pas avant que le soleil ne soit revenu.

Alors j'oublie tes œuvres connues et je pousse la porte du jardin secret, cette correspondance dont tu me gâtes et qui me ravit. Je n'irai pas jusqu'à dévoiler les courriers où tu me signales mes fautes d'orthographe (un membre de la Légion d'honneur comme moi peut avoir des faiblesses), j'ajouterai que ces fautes, tu les constates, tu ne me les reproches pas. Preuve de ta générosité.

Je vais donc nous remettre en mémoire cette lettre de toi, que j'ai reçue quand je fus élevé au grade de chevalier (dignité qui va me permettre de te décorer aujourd'hui).

C'était l'époque où nous parlions beaucoup de *Bouvard et Pécuchet*, que tu adaptais, et où je devais interpréter Pécuchet (joli cadeau déposé dans la corbeille de l'amitié).

Il s'agit d'une vraie saynète :

Bouvard s'exprime le premier et dit :

BOUVARD
Tout de même, la Légion d'honneur reste une décoration de premier ordre.

PÉCUCHET
Une décoration, mon cher François, que le monde entier nous envie...

BOUVARD
Et le fait qu'on la donne assez souvent à l'ancienneté ne lui enlève aucun prestige.

PÉCUCHET
Au contraire.

BOUVARD
Mais ne trouves-tu pas surprenant qu'on l'accorde à des comédiens ? Qu'ont-ils fait de si méritoire, quand on voit des hommes de science, comme nous, vieillissant dans l'ingratitude ?

PÉCUCHET
Il y a peut-être une raison cachée.

BOUVARD
Quelle raison ?

(Pécuchet se penche à l'oreille de Bouvard et lui dit quelque chose que nous n'entendons pas. Bouvard hoche la tête, pensif, et dit à voix basse :)

BOUVARD
Évidemment. Que pouvons-nous faire contre ça ?

Je me souviens, sur un livre que tu m'offrais, de cette dédicace vigoureuse dans sa gratuité : « Pour Jean Carmet, qui est l'honneur de la Belgique. »

De cette autre, admirable par sa logique : « Pour Jean Carmet qui habite Sèvres, et qui pourtant n'est pas fragile. »

Je ne sais pas si les circonstances permettent de lire ce poème en vers de huit pieds qui accompagnait *Les Mots et la Chose*. Allons-y :

Si je vous dis « feuille de rose »
Me répondrez-vous « père foré » ?
Si je vous dis « métamorphose »
Me répondrez-vous Jean Carmet ?
Si je vous dis tout ce que j'ose,
Me répondrez-vous « je le sais » ?
Dans tout ce que les mots proposent,
Sachons recueillir un secret :
Il faut mieux pour faire la chose,
Savoir quelque peu en parler.

Je pourrais relever, sur chacune des pages de garde, tant de dédicaces pleines de tendresse, infiniment singulières.

Mais je vais me saisir du mot tendresse pour te dire ce que nous ressentons tous : Tu as su consacrer l'hymen de deux mots, Amour et Honneur, un mariage consanguin mais grâce à toi fertile.

Tu avais le droit de bénir cette union. Je t'ai vu prêtre imberbe dans le *Journal d'une femme de chambre.*

Je me suis longtemps demandé pourquoi tu avais choisi le chapeau d'ecclésiastique pour en coiffer le personnage.

Au bout de quelques années la lumière m'est apparue : c'était pour me laisser l'exclusivité du béret basque.

Je trouve que c'est la mitre qui te siérait le mieux. Moi, vu ma taille, elle m'écraserait...

Jean-Claude, j'ai connu avant toi un homme qui avait le pouvoir de nous transformer en meilleurs. C'était Jean Renoir. Dans un moment de doute, où ça n'allait pas fort, il m'a fait croire que j'avais un peu de talent.

Dans quelques instants je vais te remettre les insignes de ton grade dans la Légion d'honneur.

Je n'ai pas assez célébré tes mérites. Mais je voudrais te remercier du cadeau magnifique que tu m'as fait en me donnant ton amitié. J'ai souvent le privilège d'être l'auditeur de récits inédits. Tu brosses pour moi de fabuleux décors.

Ton sourire est là pour marquer l'émotion. Je

m'embarque. Ce n'est pas une inconditionnelle confiance. Je te suis.

Je prévois le jour où, las de faire parler des cardinaux, des bourgeois, des oiseaux, tu me prendras par la main et tu me diras : « Viens, je vais te conduire à l'endroit où s'est créé le monde. »

En attendant ce jour,

Au nom du président de la République et au nom des pouvoirs qui nous sont conférés, nous vous faisons chevalier de la Légion d'honneur.

Au Palais de Tokyo,
à Paris, le 13 décembre 1988 [1].

1. La Légion d'honneur doit être remise par quelqu'un qui la détient déjà. Le récipiendaire peut choisir celui qui le décorera. J'ai donc choisi Jean Carmet. Quand le Bureau de la Légion d'honneur apprit mon choix, on m'écrivit une belle lettre. Le représentant du Bureau ne pouvait pas refuser Jean, mais il ajoutait : « Nous espérons toutefois que la cérémonie conservera toute sa dignité. » *(Note de J.-C. Carrière.)*

Claude Berri et *Germinal*

On lisait peu dans ma famille. Pourtant, sur l'étagère-bibliothèque il y avait deux livres de Zola : *La Terre* et *Germinal*. Un jour on m'a surpris plongé dans leur lecture. Les livres furent vivement confisqués. Zola sentait le soufre. C'est donc l'interdit qui alluma mon enthousiasme. Plus tard il me semble avoir essayé de lire *les Rougon-Macquart* dans l'ordre. Peut-être y suis-je parvenu.

Dans mon enfance, à la campagne, le XIXe siècle vivait toujours. C'est naturellement que je me suis passionné pour la littérature de cette époque et que j'ai souhaité plus tard me retrouver dans Flaubert, avec *Bouvard et Pécuchet*, et dans Balzac avec *Eugénie Grandet* et *Le Curé de Tours*.

Bonnemort, le patriarche de *Germinal*, manquait à mon bonheur. J'avais le souvenir de ce bonhomme brisé dans son corps et que son sobriquet faisait sourire, évoquant pour lui la joie d'être encore là et d'avoir échappé au grisou, aux éboulements, à la faim.

Témoin passif, qui revoyait sa vie dans ses noires expectorations.

Claude Berri m'a proposé le rôle.

Claude, je le connaissais depuis longtemps, j'avais

vu presque tous ses films, du *Vieil homme et l'enfant* à ceux qui traitaient de sa jeunesse avec un tendre regard sur les siens et les autres, de *Tchao Pantin* à *Uranus*.

J'avais été frappé de voir que, dans son parcours, il se réservait un peu de temps pour redevenir acteur comme dans *L'Homme blessé* de Chéreau, où le courage de son interprétation me décida à plonger dans le rôle à risque de *Miss Mona*.

Pendant le tournage de *Germinal*, on se comprenait en code, comme il se doit, comme dans les moments où le travail est un plaisir.

L'épistolier

Fax du 29.6.92

A Monsieur Jean-Claude
et aux siens.

R. à R. (raconter)

... comme on disait dans les Aurès.
Sauf un beau clair de lune,
un déraillement de fermeture Éclair sans conséquence
et la rencontre d'un délinquant dans un restaurant modeste.
Je ne sens pas Dieu ces jours-ci.
Affections fébriles.

Jean.
Hôtel-Parc CHABAUD****
Montélimar.

Sans date

Cher monsieur,

Je réponds à l'annonce que vous avez fait paraître dans le dernier numéro de *Publication gratuite*, distribué par les magasins « UNO ».

A savoir :

« Soixantaine. Intellectuel, aimant voyager, cherche pour relations profondes, et peut-être plus, dame simple, goûts et âge en rapport.

Signé : *La Solitude me pèse.* »

Je peux vous proposer ma mère. Un peu plus âgée que ce que vous souhaitez, elle porte allégrement ses quatre-vingt-quinze ans. Totalement autonome. Vos goûts concordent. Quant aux voyages, elle se réjouit encore d'une escapade faite à Lisieux en 1947, où (je la cite) elle avait fait rire tout le monde.

Je la déposerai lundi prochain à dix-sept heures sur un pliant devant le Café de Madrid. Pour se faire reconnaître, elle tiendra à la main un bouquet de primevères.

Qui sait ? Là se trouve peut-être la chance de votre vie.

Votre obligé,
(Signé : illisible).

Fax du 22.8.93

Jean-Claude,

Je m'ennuie de toi...

Où es-tu ? On te signale, démon aux jambes agiles, apparaissant ici et là, à Marseille (mais ça date d'un mois) et depuis le mois d'avril à Vierzon.

— Dans la mer de Beaufort, sur un fragile esquif.

— À l'inauguration de la rétrospective Théodore Chassériau.

— Au banquet des amis de Furetière.

— Au bras de la veuve de Khatchatourian.

— Au bois de Boulogne entre chien et loup.

— À Saint-Claude (Jura) le même jour.

— À Saint-Jean-d'Angély (Charente-Maritime) au petit matin.

— Sur France-Culture.

— À la cave coopérative du Tricastin.

— Square des Batignolles, nourrissant les pigeons.

— Au Val de Grâce.

— À Denver (le 15 août).

— Guidant un aveugle qui traversait la place Vendôme.

— Chez le coiffeur.

Où tu étais je cherchais à te joindre, mais j'étais en retard d'un vol. Moi, je me cadre. Limitant mon univers à mille mètres carrés, c'est souvent dur à parcourir tant la chaleur est grande et la faune hostile.

Mais je m'ennuie de toi.

Puis-je te baiser au front ?

— À dos d'âne dans les jardins du Luxembourg.
— À Charleville-Mézières sur la tombe de la veuve Rimbaud.
— À Brie-Comte-Robert.
— À la Patte d'Oie des Gonesses.
— À La Mort-Subite.
— À la kermesse des Orphelins d'Auteuil.

Puis-je te baiser encore ?

23 décembre 1993

De Jean Carmet
à
Jean-Claude Carrière

Bon voyage Jean-Claude
Mais pourquoi toujours l'Inde
Et jamais Terre-Neuve
Où c'est la saison des melons ?

Je t'embrasse. Jean.

PS. Ne m'as-tu pas demandé hier l'horaire des trains de New Delhi à Kazipet ? Le meilleur, et le seul direct, qui ne t'oblige pas à changer à Mathura, c'est celui de 20 h 45.

Voici les gares desservies :

New Delhi	20 h 45
Agra	0 h 02
Gwalior	1 h 50
Jhansi	3 h 55
Bhopal	8 h 55

Itaasi	11 h 25
Nashpur	17 h 25
Wharde East	18 h 47
Chanohapur	20 h 50
Kazipet	2 h 40

Si tu peux, arrête-toi à Bhopal. Il y a un bon buffet et les croissants sont délicieux.

21.2.94

Mon cher Jean-Claude

Je ne pourrai me libérer d'un doute qui m'effleure qu'après avoir eu (si tu veux bien t'y soumettre) une explication avec toi.

Nous nous sommes quittés sur le trottoir de la rue Troyon. Il y avait là Jean-Pierre Coffe et une dame de ses amies, Bernard Rapp et son épouse, et toi bien sûr avec ton épouse.

Tu nous avais demandé d'écourter la soirée, prétextant la préparation d'un colloque auquel tu devais participer dans l'après-midi. Nous nous souhaitâmes bonne nuit, et dans le même temps tu prenais congé de nous pour une petite quinzaine de jours, te réjouissant (et nous avec toi), d'un voyage aux Indes où tu rencontrerais le Dalaï-Lama. J'ai exprimé le désir d'avoir de tes nouvelles, soit par courrier, soit par téléphone. Tu m'as donc promis de me donner signe de vie.

Dix jours sont passés... Rien de toi... Le silence... Ne voulant pas alarmer ton entourage, je me suis décidé à chercher à te joindre. Mais ni le Minitel, ni les Renseignements téléphoniques n'ont pu me donner adresse ou téléphone de ce monsieur Dalaï-Lama que tu allais visiter aux Indes.

Les préposés, généralement obligeants, mais à la fin lassés de mes appels, me demandaient si Dalaï-Lama était un nom propre en deux mots, ou bien un prénom, Dalaï, suivi du patronyme Lama.

Nulle part, dans les annuaires des Indes, ce nom n'est mentionné.

Tu connais mon obstination, générée par l'inquiétude. Il y avait douze jours que j'étais sans nouvelles. Peut-être me trompais-je dans l'orthographe (qu'il m'arrive comme tu sais de ne pas bien maîtriser). Bref, je me suis rendu à la poste du Louvre, là où on peut consulter tous les Bottins du monde. J'ai fouillé à grand-peine ces ouvrages, qui sont souvent écrits en langue du pays.

Il y a bien, entre autres, à Kingston-upon-Hull (Angleterre) un Dalaï prénommé Peter, et à Pietansaani en Finlande un Dalao-Laumet dont le prénom est Melchior.

J'ai pu joindre ce monsieur, au demeurant très courtois. J'eus du mal à me faire comprendre mais, devant l'évidence de mon erreur, je n'ai pu que me confondre en excuses. D'autant que, n'ayant pas consulté les fuseaux horaires, je l'avais dérangé à une heure peu convenable.

J'en étais là quand, feuilletant machinalement un annuaire des Yvelines, je tombai par le plus grand des hasards sur un DALAÏ-LAMA, résidant impasse Sainte-Jeanne-d'Arc, à Neauphle-le-Château.

Discret, comme tu me connais, je ne m'en suis ouvert à personne. Mais pour moi, désormais, une question se pose. Pourquoi nous avoir dit, quand nous nous sommes quittés, que le surlendemain tu prendrais un avion qui se poserait en Asie, pour que de New Delhi un transport de fortune t'achemine vers le lointain pays où t'attendrait M. Dalaï, alors que celui-ci vit sa retraite dans une commune de mille cinq cents habitants, qui sera bientôt desservie par le RER ?

Cette révélation laisse planer un doute sur tous ces voyages aux Indes qui nous tiennent en haleine quand tu les racontes si bien.

N'aurais-tu jamais dépassé les Yvelines ?...

Où que tu sois, prends soin de toi et ne ramène pas de Neauphle-le-Château une mauvaise maladie. On dit qu'il y sévit, ces temps-ci, une épidémie de coryza.

Et si l'on te fait suivre ce courrier à l'Hôtel de la Poste à Neauphle, n'y cherche pas l'aigreur d'un homme qui ne quitte jamais les Hauts-de-Seine, alors que certains voyagent de par le monde.

Bien à toi, dans la limpidité de notre intimité.

Jean.

Fax du 6 mars 1994

Monsieur Jean-Claude Carrière
Hôtel Savoy — Berlin.

Mon cher ami,

Votre voyage outre-Rhin m'oblige à suspendre momentanément notre correspondance. Dommage ! Je tenais le bon bout.

Je viens de terminer votre dernier ouvrage, *Les Mémoires d'une soupière*, c'est un joli voyage dans le temps qui ferait un bon scénario.

Ne manquez pas de transmettre mes sentiments courtois à Volker Schlöndorff et de saluer de ma part Gérard Depardieu et son beau-frère Patrick Bordier, présentement comme vous à Berlin. Ils sont à l'hôtel Bristol et vous les reconnaîtrez à l'application qu'ils mettent à parler une langue qui n'est pas la leur.

Je mets actuellement la dernière main à mon *Hommage à Louis Blériot*, que je compte lire cet été aux touristes sur les plages normandes.

Serez-vous au Crotoy en août ?

Bon séjour à Berlin et mille civilités.

Jean Carmet.

Fax du 10-3-94

De retour par l'avion de 20 h 10 j'ai été surpris de ne pas te trouver à Orly. Heureusement il ne pleuvait pas. Peut-être avais-je omis de t'indiquer l'aérogare ? Peut-être m'attendais-tu à Roissy-Charles de Gaulle ? Dans ce cas c'est moi le fautif et je te présente mes excuses.

De toute façon les sardines fraîches que je rapportais de Marseille (elles m'ont valu quelques réflexions dans l'avion) ne peuvent attendre jusqu'à lundi. Je vais donc m'en déposséder au bénéfice de mes voisins, qui vont être bien surpris. Je ne les ai pas habitués à de telles largesses.

J'ai rencontré LÀ-BAS un descendant de Chaliapine

qui m'a dit te connaître. Je ne lui ai pas donné ton adresse, mais pour m'en débarrasser je lui ai dit de t'écrire poste restante à Saint-Cast-le-Guildo, Côtes-du-Nord, en indiquant « faire suivre » sur l'enveloppe.

J'ai cru bien faire.

Tibi.

Jean.

Une lettre de Vienne

Comme vous me l'avez demandé, profitant de mon passage à Vienne j'ai rendu visite au Dr Freud.

Il m'a reçu sans difficulté à la seule vue de votre écriture sur l'enveloppe qui renfermait votre lettre de recommandation.

Il eut un sourire bref qui dissipa pendant une seconde l'état d'excitation extrême où il semblait être.

Il me désigna un siège dans son salon d'attente où se trouvaient un militaire, une harpiste et un jeune berger qui semblait se nommer Jupille.

Je vais vous faire part de mes observations, sans tirer de conclusion, mais ce que j'ai vu confirmera certainement l'inquiétude que vous inspire le comportement du Dr Freud.

Voilà ce que j'ai observé d'abord :

J'entendis le Dr Freud prendre congé d'une personne, puis il ouvrit la porte du salon, appela le jeune berger (c'est là que j'ai appris qu'il s'appelait Jupille) et le fit entrer dans son *Kabinett*.

En en prétextant le besoin, je me rendis dans le vestibule où j'ai remarqué la porte des Kommodités.

Il me fut facile d'appliquer un œil au trou de la serrure de la salle de consultation.

Le jeune berger était étendu sur un divan, prononçant à voix basse des phrases auxquelles le Dr Freud, à genoux sur le tapis, au chevet du patient, semblait acquiescer.

Il en fit de même pour le militaire et pour la jeune harpiste.

Je pus alors mettre en marche un appareil de prise de vues dont l'action discrète (l'objectif, incrusté dans un bouton de mon gilet, est indécelable) m'a permis de rapporter ces documents :

Le divan où vous pouvez remarquer la trace du dos de la harpiste atteinte d'une légère gibosité et, sur le tapis, celles des genoux du docteur.

J'ai photographié aussi le vestibule. J'inscris sur le tirage les impressions que m'ont inspirées les objets présents.

Quand ce fut mon tour, il fallut bien trouver un prétexte à ma visite.

Vous lui aviez parlé de mes colères, sur votre lettre d'introduction. Il m'a fait mordre dans un morceau de rumsteack qu'il va faire analyser.

Voilà, cher Jean-Claude, il me semble que vous avez raison. Il y a du dérèglement dans le cas du Dr Freud.

Je vous prie de saluer vos dames.
Cette visite m'a éreinté.
Il me reste la force de vous embrasser.

Votre.

J.

Aujourd'hui j'ai eu le résultat de l'analyse.
Merci, grâce à vous je le sais : j'ai la rage.
Retenez-moi un lit chez l'ami Pasteur et attendez-moi à la gare de l'Est.
Les trains circulent à nouveau, la grève des chemins de fer est terminée.

À plusieurs reprises, Jean a entrepris l'écriture d'un livre. Voici le premier début de ce livre :

« L'année 1917 fut marquée par deux événements très importants : la bataille de Verdun et ma naissance, qui eut lieu quelques années plus tard. »

Fasciné par la beauté et la densité de cette phrase, il en resta là. Tout au moins pour cette version. Plus tard, il reprit ce projet de livre sous un tout autre angle. Voici les notes qu'il a laissées.

La Cathédrale en saindoux
(notes)

Face à moi le fameux conteur flamand.

Depuis février il arbore une coiffure monacale.

Son teint mat se souvient des invasions birmanes.

Je ne connais de son sourire que ce que sa barbiche laisse augurer.

Entre nous sur la table, un paquet déjà ouvert. Nous avons respectueusement déplié l'emballage solide, deux feuilles de papier peint jaune, enveloppant un registre de comptable.

Année 1925.

Ce sont, m'a-t-on dit, les souvenirs de l'oncle Émile, nul n'en a pris connaissance.

Je feuillette.

Au 1er janvier, rien. Puis rien dans le mois de février, rien non plus en mars. Au 10 avril une seule ligne d'une écriture soignée :

« Je suis content, j'ai économisé un suppositoire. »

Et puis le silence jusqu'à la dernière page.

Les yeux de Copenole s'entrouvrent, il laisse tomber :

— Très intéressant. Il faut que cet événement soit d'une grande importance pour être consigné.

Grand-mère se nourrissait uniquement de bouillon de légumes, ce qui nous obligeait, pour que rien ne se perde, à commencer tous nos repas par une salade de légumes bouillis.

Elle n'adressait plus la parole à personne depuis l'accident de l'oncle, et quand on entendait ses pantoufles tout le monde se taisait.

*

Je l'écoute avec l'ouïe 1917.
Il me parle de Malraux.

Non, Malraux n'était pas l'amant de Jeanne Sourza !

*

Quelques-uns de mes camarades ont trouvé des situations pendant l'occupation allemande dans ces immeubles près de l'Étoile.

J'en ai croisé un, coiffé d'un feutre gris, vêtu d'un long pardessus de cuir.

Sans malice je lui demandai ce qu'il devenait, il m'a répondu que ça allait. À sa mine, je le crus.

Je lui dis que pour moi les temps étaient durs et je lui demandai si dans son job il n'aurait pas un petit boulot pour moi, qui ne demanderait pas de connaissances spéciales, un mi-temps car je frimais le soir et quelquefois en matinée à la Comédie-Française.

Il eut un sourire pour me dire : « Ça peut se faire. »

La Dame aux camélias, encore une idée qu'on m'a piquée.

*

Je sors de chez le réparateur de sexe, le docteur Prepus, il m'a autorisé à m'en servir prudemment pendant les fêtes en observant ensuite une période de repos, après laquelle il pourrait faire des constatations.

Je suis à moitié rassuré.

Moi qui recherche la chaleur humaine, je n'ai jamais le moindre contact avec l'homme de science.

Hormis les touchers intimes de sa pratique.

La rue ne m'accueille pas, c'est un Noël boueux qui se prépare. Et la rue Victor Massé n'a point de parures.

Des bars clos aux vitraux dépolis, de vieux cabarets, l'alvéole de *Tabarin.*

Il a dû s'en faire des fêtes, ici.

À la sortie de la messe de minuit j'ai rencontré Fernande, je ne l'ai pas vue depuis dix ans.

Elle n'a pas changé.

Elle me raconte qu'elle avait épousé un milliardaire sud-américain.

Je sentis que ça n'était pas vrai quand elle me demanda ce que je faisais de ma soirée.

Elle portait une robe de perles.

— Emmène-moi avec toi.

Elle ne repartait pas.

Si je suis attaché à lui, c'est que je le connais depuis longtemps, que je l'aime bien... et puis moi j'ai réussi ma vie. Ma Volkswagen, ma jeune femme, mon affaire de tripes au madère.

*

La pièce tinta dans la soucoupe.

La dame du chalet de nécessité me remercia. Je lui tendis la main pour lui dire à bientôt, depuis le temps c'était presque une amie, nous échangions des impressions sur la température.

Elle m'ouvrait l'esprit quant aux influences des changements d'atmosphère sur certaines fonctions.

Je sus aussi qu'elle était une employée municipale appelée à changer de poste, donc de quartier, et que certains édifices étaient convoités puisque fréquentés par la classe laborieuse, moins dure à la détente que la bourgeoisie.

Elle me régalait d'anecdotes et je connaissais sa vie.

Veuve d'un employé des eaux elle avait une fille mariée à un capitaine au long cours.

Elle regrettait l'époque où, jouxtant ses cabines, il y avait un cireur. Son fauteuil était toujours là, vide, ainsi que les appuis pour pieds.

Il y eut même, un temps, un salon de coiffure...

Maintenant elle était seule.

A chaque rentrée, proportionnellement au Smig, elle affichait une nouvelle augmentation de vingt centimes. Maintenant chez les messieurs, pour la grosse commission, c'était deux francs.

Elle avait consacré un cabinet aux économiquement faibles, car la misère se love dans les beaux quartiers.

Je refusais la tasse de thé qu'elle venait de m'offrir.

Elle vissa la bouteille Thermos.

*

Son penchant sexuel allait vers les bigotes. Il les repérait à la sortie des églises, les suivait, notait leurs itinéraires, connaissait leurs haltes.

Il lui arrivait même de connaître leur goût pour les pâtisseries.

Il nous en parlait avec saveur, les décrivait, évoquait leur parfum, comme il les frôlait, palpait de son discours l'étoffe de leurs vêtements, allant même jusqu'à découvrir des dessous très chastes.

Ce n'était pas leur cambrure qui l'exaltait, c'était la modestie de leur démarche qui ne cherchait pas à plaire.

Il en était fou, ce bougre, de ces bigotes intraitables qu'il savait cueillir au bon moment.

*

— Bonjour, louveteau.

— Bonjour, monsieur l'abbé.

— Quel est ton nom, louveteau ?

— On m'appelle « Loin du ciel ». Mais lâchez-moi la main, monsieur l'abbé, vous avez la paume moite.

— Ne m'appelle pas l'abbé, louveteau, je ne suis pas un abbé.

— Tous les messieurs en noir sont pour moi des

abbés. Et puis viendra le jour de la monotonie où tous se confondront avec les laïcs, laissant là soutanes et ornements.

L'enfant prédestiné avait vu juste.

Je n'étais pas mécontent, un bon pas était fait. Depuis bientôt un an je cherchais le contact et je n'avais obtenu que saluts polis et regards curieux.

Suivant les saisons, je le rencontrais vêtu d'une pèlerine de drap bleu, en bas noirs et galoches, le nez enfoui dans un travail de laine à grosses mailles.

Et puis sans transition, à Pâques, il s'est fondu dans le flot uniforme des sarraus noirs.

S'il n'avait eu cette taille au-dessous de la moyenne, l'aurais-je remarqué ?

Quand les enfants marchaient en groupe, à sa place la vague se creusait.

Dans l'ensemble ils s'étaient posé des questions. Qui était donc ce bonhomme ? Certains en avait sûrement parlé à leurs parents.

Pourtant j'avais évité tous les pièges de l'attaque directe. Aux sorties de l'école je n'avais pas offert de boire. Déjà à cette époque ça avait mauvaise réputation.

Je vivais en marge, me contentant d'une attitude modeste et c'était apparemment le hasard qui me mettait sur leur chemin.

J'avais dû modifier mon extérieur.

Dans les campagnes (nous sommes avant la

guerre), toute extravagance vestimentaire est critiquée ou source de moquerie.

J'en ai souffert au début, et je n'aurais pas été loin si je n'avais trouvé dans ma garde-robe un costume gris foncé de coupe et de matière médiocres.

J'étais vêtu comme cela, d'une chemise blanche, d'une cravate noire et d'une infinie douceur dans le regard, ce pourquoi on m'avait surnommé l'abbé.

Je n'en étais pas mécontent, toutes ces années de bringues — un mot qu'on employait —, de vie de boisson, de nuits blanches, de sexualité peu chaste, quoique jamais douteuse malgré les bruits qui courent, j'avais donc gardé un aspect décent, ou alors sans m'en rendre compte j'étais un as dans l'art de feindre.

Pour un début ça me parut suffisant. Je retirais ma main qui était moite et sans un mot je m'évanouis. C'est une faculté des ombres.

La glace était rompue.

J'avais laissé l'enfant dans la contemplation d'une grenouille pour laquelle il semblait avoir de la sympathie.

Là où nous étions il n'y avait pas d'art, ou pour mieux dire pas d'endroit dévolu à l'art ; seulement une vieille abbaye qui était une habitude, des cloches et des parfums changeant suivant les récoltes.

Moi, ce qui m'enchantait, c'était la vendange dont l'odeur chargeait l'air comme un cul de bouteille. J'ai humé le suint des cuves.

La mémoire... je me suis exalté.

Je laisserai passer l'automne, l'hiver, j'espacerai mes apparitions, j'attendrai le printemps quand la vigne s'anime et que le vin se trouble dans les bouteilles.

J'attends la belle saison qui ouvre les esprits.

On ne doit pas brusquer ceux qui doutent, il faut laisser venir.

De nouveau j'apparus fin mars.

L'absence avait fait naître l'amitié. Quand il me vit, l'enfant ne détourna pas la tête, il s'engagea dans le chemin et quand il se sentit suivi, loin de presser le pas, il ralentit.

Nous nous trouvâmes sur le même plan.

Comme il me regardait c'est moi qui ne trouvais pas mes mots, mais le silence ne pesait pas.

Nous atteignions les premières maisons du bourg, là où se faisait le commerce.

Il s'arrêta devant la charcuterie.

C'était l'heure de la sieste, le store était baissé, une grande émotion envahit son visage. Il eut de gauche à droite un mouvement de tête qui exprimait l'admiration.

— C'est beau, monsieur l'abbé. C'est de la peinture à l'huile.

Il me montrait le store. Un artiste de passage y avait fixé une superbe scène de chasse à courre.

La charcuterie était le seul endroit où la main de l'artiste s'était posée.

Dans cet univers où les buveurs d'eau étaient montrés du doigt et se trouvaient au banc de la société, le mot artiste, vague de sens mais largement employé, servait à désigner des individus généralement peu considérés.

Je donnerai l'exemple du plus soûlot, qui dépassait les normes de l'absorption moyenne (six litres par jour dans la semaine et dix litres le jour du Bon Dieu). Celui-ci se signalait par des extravagances dont la moindre était de mâcher son verre après l'avoir vidé.

— Tiens ! V'là l'artiste ! disait-on quand il entrait dans un débit de boissons.

— Tu parles d'un artiste ! disait-on du plus con.

Le mot artiste était généralement employé par dérision. Il désignait les sous-développés de toute espèce.

Parmi les expressions les plus fréquentes il y avait « les cheveux à l'artiste », qui désignait quiconque se signalait par une tignasse abondante.

L'artiste s'était donc installé, l'été auparavant, chez Clémence Forget, qui lui avait loué une chambre.

On sut bientôt que c'était un asthmatique que l'air de la campagne avait tenté, bien qu'on n'y fît pas de cure.

Ses premiers contacts avec les habitants faillirent lui coûter la vie. Sous le prétexte de lui faire voir des stalactites, le fils de Clémence Forget l'avait entraîné dans une beuverie souterraine dont l'asthmatique sortit suffoquant.

Pour le sauver on lui avait posé des ventouses.

Le charcutier l'attirait chez lui. Il se fit un grand mystère autour de leurs veillées.

Dès la tombée du jour, de la boutique fermée des sonneries de cor se mélangeaient aux fumées des boudins.

Nous, on rôdait sans bien savoir, surtout mon père qui n'aimait pas rester dans l'ignorance.

Quelquefois le concert était si fort que les chiens aboyaient. Ils s'habituèrent à la forte musique.

Il n'y eut ni protestations ni hostilité des personnes dérangées dans leur sommeil.

Et puis une nuit, plus rien.

C'est le silence qui donna l'alerte.

Des groupes se formèrent sur le pas des portes..., plein d'hommes endormis plongeant la main dans leurs culottes.

La boutique était illuminée. Couvrant la vitrine, la chasse à courre se déployait.

Alors on comprit le geste du mécène, qui avait gavé l'artiste, l'inspirant par des hallalis et des sonneries à saint Hubert. Mon père ne fut pas le dernier à commenter la chose.

Le nez collé à la vitrine, il comptait les boutons de veste des piqueux, s'exaltant sur les robes des chevaux.

Les larmes apeurées d'une biche attendrissaient ma mère.

Ainsi parla « Loin du ciel ».

Je le remerciai et me félicitai d'avoir pu abandonner mon abominable rôle de confesseur.

— Pourquoi continues-tu à m'appeler l'abbé ?

— Ils ont tous des surnoms.

*

Mon récit démarre le temps d'une saison, je ne veux rien avoir à voir avec l'adolescent.

J'allais à la rencontre des enfants qui s'égaillaient à la sortie de l'école, vêtu de mon nouveau déguisement.

Cependant ils me reconnaissaient à certains signes.

À mon odeur surtout.

*

J'eus du mal à me faire admettre dans son milieu familial. Tous ces gens, morts depuis longtemps, hésitaient à me reconnaître. Certains signes les attiraient. Notre gros nez, à l'enfant et à moi...

Mais devant ma taille ils s'interrogeaient.

*

L'abbé, l'envie lui en prenait souvent, ouvrit l'armoire qui lui servait de garde-robe.

Il avait deux costumes, tous deux anthracite et d'une tristesse impénétrable.

L'un, luisant aux coudes, lui avait été donné par son frère, et l'autre, le neuf, était fatigué aux genoux.

Le neuf lui avait été cédé par un vendeur aux procures générales du clergé, qui avait hérité du successeur des sœurs Musset, rue Saint-Sulpice, un fonds de vêtements austères.

Il avait vendu à un autre sa soutane qu'il regardait avec envie. Il ne la mettait plus jamais, de crainte de se faire remarquer.

À ce sujet, le clergé était ferme. Faisons-nous gris, tel était le mot d'ordre.

Lui ne voyait pas de provocation dans le port de ce vêtement. Il n'était pas loin de penser que l'idée de la soutane avait pesé quand il avait choisi la voie du sacerdoce.

*

Le Dalaï-Lama adore l'andouille de Vire.

Mais attention, pas n'importe laquelle, l'andouille tirée à la ficelle.

Il a des exigences formidables.

Il m'a dit : « Je veux voir le pape. »

Je ne sais pas comment on écrit pour faire venir le pape à la maison.

Enfin il est venu.

Je lui ai dit :

— Fernand, le pape est là.

Il me répond :

— Qu'est-ce que tu veux que ça me foute ! Je ne vais pas m'emmerder avec ce vieux con.

Cette année donc, au 14 Juillet, qui n'était pas une fête religieuse, comme il se sentait plus séduisant en soutane, il la sortit de l'antimite.

Dans une soutane, on peut péter à l'aise.

Il avait rendez-vous avec un intégriste.

Quand il revint, il s'était mis à haïr Dieu.

Autres textes pour la scène

LE COMÉDIEN

J'ai travaillé des beaux textes de la littérature dramatique française.
— Tu m'aimes ?
— Et toi ?
— Devine.

C'est du théâtre, hein, ça...
C'est le « devine » qui est difficile à rendre.
— Tu m'aimes ?
— Et toi ?
— *Devine.*

Il faut nuancer le « devine » pour arriver à la perfection.
Tendre :
— Tu m'aimes ?
— Et toi ?
— Devine.

Tenez, maintenant, *voluptueux* :
— Tu m'aimes ?
— Et toi ?
— Devine...
Vous sentez ?

Persuasif :
— Tu m'aimes ?
— Et toi ?
— Devine.
Jaloux :
— Tu m'aimes ?
— Et toi ?
— Devine.
Anxieux :
— Tu m'aimes ?
— Et toi ?
— Devine.
Au bord de la folie :
— Tu m'aimes ?
— Et toi ?
— Devine !

N'est-ce pas ? Quelle densité ! Quelle nuance !

Là je vous ai montré le travail d'un bon acteur, avec un bon texte. Maintenant vous allez voir ce que ferait un mauvais acteur... avec le même bon texte.
— Tu m'aimes ?
— Et toi ?
— Devine.

Ridicule, n'est-ce pas ?

Non, n'applaudissez pas, je ne l'ai pas encore mérité.

*

J'ai essayé la chanson, les blagues hilarantes. Exemple :

Toto demande à son papa :
— Comment écris-tu « nouille » ?
— « Nouille » ? Pourquoi me demandes-tu ça, interroge le père.
— Pourquoi papa ? Parce que je veux écrire New York.

Et je me suis dit : tout ça c'est dépassé. De nos jours, pour un acteur, la consécration c'est le cinéma... le Cinémascope, le Cinérama même.

Mais l'acteur, au théâtre, qui s'extériorise en particulier par de grands gestes, dans les films en dimensions normales et plus encore dans le Scope et le Cinérama, a intérêt à économiser ses gestes.

Et c'est logique.

Si on fait trop de gestes dans un film en relief, on risque de se retrouver avec les mains dans le corsage d'une spectatrice des balcons.

Et il y a des femmes qui n'aiment pas ça, surtout les maigres.

Alors j'ai pensé, et j'ai résumé l'expression dramatique en trois gestes :

Premier geste : bras tendus, comme ça.

Deuxième geste : la main sur le cœur, comme ça.

Troisième geste : le doigt en l'air, comme ça.

Et pour vous prouver l'efficacité de ce que j'avance, j'ai appris une poésie de François Coppée que je vais avoir l'honneur d'interpréter devant vous avec trois gestes. (*Redite des trois gestes.*)

Voici : *Le Retour du marin.*

Martineau, je vous ai fait venir pour vous remercier. Un coffret de « Pattes d'éléphant » pour mon anniversaire : bigre !

Vous me savez émotif, je suis très touché. Merci Martineau.

Seulement il y a quelque chose qui me chiffonne un brin.

J'ai dans ma poche une lettre où vous me réclamez trente francs d'augmentation par mois.

Martineau, quand on a les moyens d'acheter des « Pattes d'éléphant », est-ce qu'on réclame trente francs d'augmentation par mois ?

Martineau, je vous le demande, je vous ai toujours considéré comme quelqu'un de la famille.

Votre père a travaillé sous mon père comme balayeur.

Il avait pour vous des ambitions, celles de vous voir travailler dans les bureaux, mais votre niveau intellectuel ne vous a pas permis d'accéder à son rêve.

Martineau, quand on a votre niveau intellectuel, est-ce qu'on réclame trente francs d'augmentation ? Je vous le demande ?

Vous avez quand même fait votre chemin dans la maison. De balayeur vous êtes passé aux emballages, de l'emballage vous voilà aux étiquettes, où votre mauvaise orthographe vous joue encore de vilains tours.

Martineau, quand on écrit fragile avec deux « l »,

est-ce qu'on réclame trente francs d'augmentation par mois ? Je vous le demande.

Je vous ai toujours considéré comme quelqu'un de la famille. Nous avons même joué ensemble quand nous avions douze ans, en cachette de ma mère qui vous trouvait sale.

Martineau, quand on n'a pas d'hygiène, est-ce qu'on réclame trente francs d'augmentation par mois ? Je vous le demande.

Je vous ai toujours considéré comme quelqu'un de la famille. Vous veniez passer les vacances chez moi au château, où je vous autorisais à camper dans la prairie, à condition, bien sûr, que vous fassiez la plonge avec votre femme et les enfants le samedi quand je reçois. Mais là, vous aviez l'occasion de côtoyer des gens que vous n'auriez pas rencontré ailleurs.

Autre chose que les saucissonnards du Kremlin-Bicêtre ou de la Patte d'Oie des Gonesses, où vous rencontrez votre ami Pouillu, le président du syndicat.

Que je vais foutre à la porte à la première échéance. Je vous ai même fait tenir, si j'ai bonne mémoire, une demi-langouste et une bouteille de champagne presque pleine. Ce n'est pas pour me faire valoir, mais ce n'est pas agir en patron.

Martineau, savez-vous où j'en suis ?

L'année dernière, deux cent millions de bénéfice qui font éclater nos locaux.

Pour faire construire une autre usine, il me faut vingt millions. Ces vingt millions est-ce que vous allez me les donner avec vos trente francs d'augmentation par mois ?

Allez ! Je vous le demande !

Martineau, retombez sur terre, redevenez le « Petit Martineau » que j'ai connu, le brave Martineau, le fils du « père Martineau » : NOTRE MARTINEAU.

Revenez, si ça vous chante, chaque année avec votre boîte de « Pattes d'éléphant », mais ne tirez pas sur la ficelle, n'abusez pas de ma sensibilité ! Vous pouvez disposer.

Qu'est-ce que vous attendez ?

Ah ! Vous voulez que je savoure votre cadeau devant vous ?

Soyez exaucé.

Tenez, je l'allume avec votre lettre !

(*Il l'allume, le cigare éclate, gueule toute noire.*)

*

PRISON

Si vous ne m'avez pas vu depuis quelque temps, c'est que j'étais en prison. Oh, pas pour grand-chose, une petite bêtise sur la voie publique, un soir que j'étais dissipé.

J'en ai pris pour huit jours. J'y suis resté cinq ans.

Et je ne regrette rien.

Je ne voulais plus partir, on est tellement bien.

C'est très bien, la prison. Sérieusement, s'il y en a parmi vous qui n'y sont pas encore allés, qu'ils y aillent. Ils y retourneront.

Quand on y est allé une fois, on y retourne toujours !

Il y a contre la prison des tas de préjugés.

Mais ça prend. La preuve, c'est qu'il y a de plus en plus de monde.

C'est propre. On prend soin de vous. On se lève de bonne heure, on se couche tout de suite après si on veut, on n'a rien à foutre.

On mange bien, on a du dessert le dimanche, du poisson le vendredi. Ceux qui veulent, parce qu'on respecte toutes les croyances.

Il y a des chambres à un lit. Des chambres à deux lits pour ceux qui veulent. Il y a même des dortoirs.

Il n'y a pas de sonnette à la tête des lits pour appeler le personnel. Ils viennent d'eux-mêmes.

Et puis ils sont très gentils, ceux de l'administration pénitentiaire.

Il y avait un gardien qui dansait le tango. De Funès on l'appelait, à cause de... (*grimaces*).

Tous les soirs avant que je m'endorme, il venait me demander si je ne manquais de rien et il me chantait une berceuse : *Donne-moi tes menottes.*

J'étais vraiment bien là-bas...

Maman avait écrit au gardien-chef pour me recommander. Elle l'avait prévenu que je m'endormais toujours avec une veilleuse, que je digérais absolument tout, sauf les oursins. Qu'il ne fallait pas oublier mon huile de foie de morue.

En remerciement de cette surveillance, maman l'invitait à passer le samedi et le dimanche à la campagne, où nous avons un coup de pêche.

Et puis elle a ajouté : « S'il vous ennuie, ne vous gênez pas, enfermez-le. »

J'ai été très sage. J'ai été à toutes les récréations, toutes les promenades, ça m'a permis de me faire des relations.

Il y avait là un architecte, un officier supérieur, un ancien membre du clergé.

Il y avait même un voyou !

Quoi ? On est en démocratie. Tout le monde a le droit d'aller en prison, même les voyous.

Il tranchait sur les autres. Personne ne le fréquentait.

Il était toujours tout seul avec sa tête de voyou.

Je me suis approché de lui et je lui ai demandé :

— Vous ne seriez pas un voyou par hasard ?

Il m'a répondu :

— Si, je suis un voyou.

Je ne m'étais pas trompé.

Puis je lui ai demandé comment il s'appelait. Il m'a répondu :

— Je m'appelle « le voyou ».

— Qu'est-ce que vous faites dans la vie ?

— Je fais le voyou.

— De quoi vivez-vous ?

— Je vis des femmes comme tous les voyous... Oui, je vis chez maman, mais comme maman ne me donne le matin que du pain beurré ou le restant de soupe de la veille et que je préfère les croissants, le soir je fais le voyou dans les cafés pour me faire de la braise.

De la « braise » c'est de l'argent en voyou (on apprend des choses en prison).

Et puis j'ai continué à l'interroger :

— Quelle a été votre enfance ?

— Une enfance de voyou.

— Vous avez été à l'école ?

— Oui, à l'école du ruisseau avec les voyous et les voyouses. Tirer les sonnettes, tirer la langue aux petits camarades, faire des pieds de nez aux vieilles dames, pied de nez simple, pied de nez double, avec participation de la jambe, le dimanche. Telle est l'enfance du voyou. Vulgaire, n'est-ce pas ?

— Votre famille, qu'est-ce qu'elle pense de ça ?

— Je suis le désespoir de ma pauvre maman.

— Vous avez des frères, des sœurs ?

— Oui, mon frère aîné est prêtre, ma sœur est au prytanée militaire de La Flèche et mon frère cadet, le cul-de-jatte, est presse-papiers dans un ministère.

— Des presse-papiers comme lui, ça ne court pas les rues.

Alors comme je sentais que la glace était rompue, je lui ai demandé ce qu'il pensait des femmes.

Là, il y a eu une lueur dans son regard, et il m'a dit :

— Ah, les femmes, c'est plutôt mon fort !

J'ai insisté et je lui ai demandé :

— Qu'est-ce que vous leur faites aux femmes ?

— Je leur fous des grandes claques dans la gueule.

— Et elles aiment ça ?

— Ah oui ! Quand elles ont passé la nuit là *(il désigne son épaule)*, eh bien, le lendemain matin j'ai mal au bras.

Et puis de fil en aiguille je lui ai demandé :

— Qu'est-ce que vous faites de vos loisirs ?

Il m'a répondu :

— Quand arrive le samedi, sans se foutre de vernis, ni faire de toilette, nous allons au galop entre gigolos et vraies gigolettes dans des bouges louches et enfumés.

— Et qu'est-ce que vous faites dans ces bouges enfumés ?

— On fume.

— Qu'est-ce que vous fumez ?

— Du tabac, du tabac de voyou.

Et puis de son air farouche il m'a dit :

— Vous ne trouvez pas que je pue ? Eh bien, c'est du sent-bon de voyou.

C'est vrai, il puait.

— Moitié tabac, moitié alcool, moitié sueur. Intéressant, n'est-ce pas ?

Alors, le sentant en confiance, je lui ai demandé de me raconter quelques-uns de ses crimes...

Il m'a regardé un long moment avec ses yeux de voyou.

Et il s'est mis à table. (Ça veut dire avoir un élan de sincérité en voyou.)

— Le coup de la tenancière des chevaux de bois du parc Montsouris, c'était moi.

— Ça vous a rapporté beaucoup ?

— 24 francs.

— ? !

— Oui, mais 24 et 24 ça fait 48, et 24 ça fait 72, et 24 ça fait 96 si je ne me trompe pas. Et qui est-ce qui a eu de quoi se payer une belle part de flan quand il a eu 100 francs ? Le voyou.

Quand il m'a quitté, j'ai mis la main à ma poche, par réflexe. Je n'avais plus de crayon. J'aurais dû me méfier, parce qu'un moment il m'a dit comme ça, avec son air de voyou :

— Suivez ce doigt qui s'inscrit dans l'atmosphère et qui est là pour vous distraire... Pendant que ce doigt vous distrait, l'autre main agit, elle !

J'ai bien cru sentir un moment le frôlement de sa main dans ma poche intérieure.

En tout cas, je n'avais plus de crayon.

C'est comme ça qu'ils deviennent riches, les voyous.

*

MON FRÈRE

Nous avons tous quelque chose dans la famille. Nous avons tous notre forme d'intelligence. Sauf mon père qui n'a rien.

Chacun sait que l'atavisme saute une génération : son grand-père était une vraie brute.

C'est à cause de cela qu'il est ce qu'il est, et c'est la première raison pour laquelle je n'ai pas d'enfant. La deuxième étant que je ne fréquente pas de femme.

Mon frère et moi avons une forme d'intelligence différente.

Moi, je suis ce que je suis, grâce à ce que vous devinez de moi quand vous m'avez sous les yeux ou que vous m'écoutez causer.

Et ma réussite dans ce que vous savez, par les raisons que vous connaissez, ne pose pas de problèmes.

Mon frère, lui, s'est fait une situation énorme dans la publicité.

C'est un actif, un nerveux... un homme moderne. On vient le consulter de tous les coins du globe quand on a des problèmes, il a des idées pour tout.

Je vous fais juge :

Un jour un homme entre dans son bureau, mon frère lui dit « asseyez-vous » et lui demande :

— Voyons, quel est votre problème ?

Le client répond :

— Je viens de faire construire un hôtel, je cherche quel nom lui trouver.

Mon frère réfléchit une seconde, pas plus, et insidieusement il lui pose cette question :

— Où l'avez-vous fait construire, cet hôtel ?

— Sur la place, face à la gare...

— Alors monsieur, vous avez fait construire un hôtel sur la place face à la gare, appelez-le l'Hôtel de la Gare ! Pour le chèque, voyez ma secrétaire !

Hop ! Comme ça.

Un autre jour un client installait un bazar.

Même question. Un bazar ? Où ça ?

— Sur la place face à l'Hôtel de Ville.

— Sur une place, face à l'Hôtel de Ville ? Appelez-le Bazar de la Gare !

Eh bien, voulez-vous que je vous dise ? Mon frère, il est très intelligent mais il n'est pas normal.

Moi, ce que j'avais pour moi, c'était mon air heureux et un grand sourire comme ça, un peu figé peut-être. (*Sourire figé et large.*)

Un sourire qui m'a causé bien des désagréments

quand j'étais en classe, où les professeurs pensaient que je me moquais d'eux. (*Sourire.*)

Ils disaient : « Ah ! Votre sourire en coin... » (*Sourire figé et large.*) Mon sourire en coin...

Je prenais tout avec le sourire (*sourire figé*), ça indisposait mes amis qui disaient tout le temps :

— Regarde-moi l'autre tirelire ! A t-il l'air heureux !

Au début ça me faisait sourire (*sourire*) puis ça m'a inquiété. J'ai été voir un psychanalyste, eh bien maintenant ça y est, je m'emmerde comme tout le monde.

Le petit homme

Je suis dans une cage, une vitrine, comme chez un marchand de chiens, seulement je suis le dernier de ma portée et ça ne plaît pas à la marchande.

Entre une cliente très laide qui demande :

— Combien ce petit homme dans la vitrine ?

Et elle ajoute :

— C'est tout ce qui vous reste ?

Ce qui n'est pas très agréable pour moi.

Alors la marchande dit :

— C'est tout ce qui nous reste mais il est tellement bien que je le garde pour les concours. Mais puisqu'il vous intéresse, je peux vous le laisser. Pour la garde, il est unique. Regardez comme il a l'air méchant quand il serre ses petits poings !

J'en avais assez d'être dans la cage, alors je serrais mes petits poings.

Elle était moche, la cliente !

— Vous lui mettez cent francs dans la main, il vous rapporte votre journal, votre pain. Bien sûr, dans le trajet il grignote, mais ça s'éduque ! Tenez, je vous le laisse avec ce qu'il a sur le dos et pour le même prix j'ajoute son petit paletot d'hiver !

Moi j'opinais.

Alors la cliente dit :
— Moi il ne m'intéresse ni pour la garde ni pour les courses, encore moins pour les vêtements. Je le veux pour la tendresse.
Je suis intervenu, j'ai dit à la marchande :
— Vous savez bien que je ne vaux rien pour la tendresse ! On a déjà essayé...

La panique m'a pris devant l'œil de la cliente qui s'allume de me connaître.
La porte était entrouverte, je me suis enfui en criant :
— Pas pour la tendresse, pas pour la tendresse !

C'était mon cauchemar de la nuit dernière. Comme je suis somnambule on m'a ramassé en pyjama derrière Notre-Dame. Je criais : « PAS POUR LA TENDRESSE, PAS POUR LA TENDRESSE ! »
On m'a emmené au commissariat.
On m'a fait une prise de sang.
Savez-vous ce qu'on a trouvé ? De la tendresse.

Je n'ai pas toujours été l'individu brillant que vous avez sous les yeux.

J'ai même été minable, dans le temps, avant d'être là, à la force du poignet.

J'ai été plombier, j'ai eu des parents très chics.

Ils n'ont pas du tout contrarié ma carrière, quand je leur ai dit « je veux être plombier », ils m'ont répété :

— D'accord : tu vas bouffer de la vache enragée !

Ils se trompaient, j'ai réussi tout de suite.

Pourtant je ne connaissais personne et je n'avais aucun appui dans la plomberie.

J'ai débuté au Concert Pacra. Je débouchais les lavabos du premier balcon. Un monsieur très bien s'est penché vers moi, il m'a dit :

— Mon garçon, vous êtes très doué, vous réussirez et je m'y connais. Et il m'a donné sa carte :

Jacob Delafon
Le plombier de l'élite

Je n'en croyais pas mes yeux.

Tout de suite après, ça a été Bobino, avec une chasse d'eau.

Et enfin le triomphe, l'Olympia, avec une soudure dans la loge de Johnny.

Eh bien, malgré ma réussite, j'ai quitté la plomberie, j'en ai eu assez, à cause des femmes.

Je n'ai pourtant pas un physique exceptionnel, je suis gentil, c'est tout.

Je ne sais pas ce qu'elles avaient, peut-être l'attrait de l'ouvrier. Dès que j'arrivais chez une femme seule, le cirque.

— Oh, le joli petit plombier !

Et ça commençait, elle me taquinait, elle ouvrait ma sacoche, elle me prenait une clef à molette, elle la cachait dans son corsage. Puis c'était la course.

Je disais :

— Rendez-moi mes outils !

— Viens donc les chercher, petit prolétaire !

Enfin, le doigt de porto.

Et les heures supplémentaires.

Je me suis plaint à mon patron, qui en avait assez de me voir arriver sans clef à molette, à force.

Et je ne voulais pas aller les rechercher.

Il m'a dit :

— Je vous comprends. À partir d'aujourd'hui vous n'irez plus chez des femmes seules. Pour commencer, allez donc chez M. Adonis, antiquaire, rue Saint-André-des-Arts.

J'y suis entré le 14 septembre 1959. J'en suis ressorti avant-hier, quand on a déménagé et qu'on s'est installé avec Adonis rue du faubourg Saint-Honoré.

Il a été très gentil avec moi, M. Adonis. Je lui dois tout. Quand je l'ai rencontré, je n'étais rien, je ne savais rien. J'étais une petite bête, un petit être fruste et sans forme.

Maintenant je joue gentiment du clavecin.

Tous les samedi on se réunit avec quelques amis. Victor et le Colonel. Je passe mon tablier blanc et je me mets en cuisine.

On mange bien chez nous.

Je sers mes huîtres avec du pain beurré, du pain noir bien sûr, et du citron. Mon camembert, je le sers sans beurre, parce que le beurre ça dénature le goût du fromage.

Mais je ne suis pas plus royaliste que le roi. Ceux qui aiment le beurre, ils ont la motte !

Textes divers

Préface pour un livre sur les champignons

Une préface c'est un monologue. Dommage... J'aurais bien échangé quelques mots avec vous. Pardonnez à ma suffisance, j'ai pris un peu d'avance sur vous, une courte tête. J'ai flâné dans ces pages, cueilli à froid dès la première, irrésistiblement possédé vers la dixième, épuisé à la mi-temps d'avoir joué de la fourchette sur des fantasmes délicieux, K.O. avant la fin d'avoir dégluti, à la vue d'images sournoisement appétissantes.

En bon lécheur de vitrines que je suis, je vous conseille de vous embarquer prudemment et de contrôler vos pulsions. Chaque page est un piège dressé, à l'épreuve de la gourmandise.

Maintenant il est temps que je me présente.

Si je me suis illustré sur d'autres fronts, je possède une petite réputation gagnée sur le tas.

Vous avez plus de chance de me croiser dans les chais humant les jolis crus que dans les sous-bois et pâtures pour y lever le champignon.

Je ne suis pas mycologue. Je ne suis pas non plus de ceux qui cueillent, rarement de ceux qui cuisent, je suis de ceux que l'idée toute simple d'une bonne tombée de champignons dispersée dans une poêle met dans un état second.

En bref, je suis de ceux qui mangent, et qui se prêtent avec extase au récit des chasseurs de champignons.

Il s'agit généralement d'un monsieur ou d'une dame modeste, qui ne cherche pas à égarer le béotien. Il ou elle ne force par le public à admirer sa quête en mimant de deux mains tendues, exagérément écartées, comme j'ai vu le faire à certains pêcheurs de rivière.

Il ou elle vous entraîne discrètement hors de la vue des autres, soulève, comme s'entrouvre un rideau de théâtre, le torchon qui recouvre le panier, et là apparaissent les fruits de sa provende.

Quand vous l'interrogez, il ne vous accable pas sous le poids de ses connaissances. Il ne cherche pas le succès en faisant l'appel des cent mille variétés de champignons que signale l'encyclopédiste. Il se contente d'en citer une vingtaine.

Parce qu'il parle d'une chose grave, et qu'il le sait. Il sait que, déguisé en champignon, le diable peut prendre une allure d'ange.

Le champignon lui parle. (Là je vais employer un langage au-dessus de ma culture, j'ai fait appel au

Larousse.) « Mange-moi », semble lui dire la lépiote brunâtre (sorcière pleine de noirs desseins) qui se dissimule en prenant la voix et l'allure d'une lépiote élevée (dite dame coulemelle la délicieuse).

« Cueille-moi et mange-moi donc. »

Le bon chasseur sait et se détourne.

Me voilà à vous embêter avec des délires personnels... mais je dois mes premières émotions de lecture à un petit dictionnaire modeste et illustré. Il n'y avait que deux planches en couleurs.

Une de médailles et décorations.

L'autre de champignons.

Précis, malgré le temps. Je revois sans brouillard, la croix du Bénin, splendide et étoilée, la brillance du « Nicham Iftikar ». Et, côté champignons, érigés entre le « Cèpe de Bordeaux » et un « Bolet Rude », un « Phalle Impudique », dit aussi « Satyre Puant ». Il y avait là de quoi faire travailler l'imagination d'un bambin sensible et à l'affût.

Tout ça était très beau. C'est un souvenir d'art.

Avez-vous remarqué à quel point on respecte le champignon ?

Par exemple, dans le langage, comparé à d'autres légumes, tubercules ou raves, qui ne sont pas épargnés, évoqués péjorativement, pour se moquer ou pour l'insulte, un navet, une patate, un fayot, un radis noir (expression dépassée depuis que les prêtres ne portent plus la soutane). On parle en revanche avec tendresse d'un petit homme haut comme un champignon et on le redoute quand il est fatal et atomique.

J'admire le champignon... pour son indépendance. On le trouve partout mais il naît où il veut, rarement domestiqué.

Loin des prix des marchés, c'est un cadeau pour qui sait où le loger. Au même titre que d'autres offrandes, tels l'oxygène pour les terriens, l'hydrogène pour les poissons, le parfum des lavandes sauvages, la mûre et le pissenlit.

Mais de ce don du ciel on ne peut faire le tour tant il propose de goûts, de couleurs et d'allure.

Trapu ou filiforme, dentelé ou austère. Du petit rosé des prés à la pleurotte, du cèpe à la morille, de la girolle à la truffe noire, de la truffe noire à la truffe blanche. Ils sont là, bien vivants, en images... offerts à vous, goûteux comme un reflet du ciel, qu'ils n'ont quelquefois jamais vu.

SAINTE BOULETTE LA COURTAUDE

En cette fin du IXe siècle, une intense prière s'éleva vers le ciel.

« Ab ira Normanorum libera nos domine. »

(Seigneur, délivrez-nous de la fureur normande.)

Sept cents navires à voile assiégeaient Paris.

La ville, assourdie, repliée en son île, vibrait aux résonances farouches des grandes trompes de guerre.

Plus de vie au bord de la Seine — la terreur a

vidé les échoppes —, les ribaudes elles-mêmes ont suivi la panique.

De sa barque amirale, Siegfried contemple le vide.

Paris sans Parisiennes.

Bien avant lui, au temps de Lutèce, on parlait déjà de la blancheur de peau des dames dudit lieu.

Les rudes guerriers visaient le butin... mais rêvaient à ces créatures qu'ils n'avaient jamais vues et dont on vantait la grâce et le savoir.

L'incendie embrasait le Châtelet.

Point de secours !

Eudes l'assiégé interroge en vain les collines de Montmartre. Le désespoir engendre le soliloque, il murmure :

— Seulement une poignée d'hommes et je tente la diversion.

Endormis dans la mort, Eurofin, Odan et Gosvin gisent aux pieds de leur chef.

Qui peut l'entendre ?

Une ombre lui répond :

« Dieu t'écoutera, gentil messire. »

On l'appelait Boulette, à cause de sa petite taille.

Sa fesse était massive et frôlait la pâquerette, car la jambe était courte, la gauche surtout. Elle claudiquait mais le dissimulait par une façon de sautiller qui lui donnait un charme.

Sourde aux brocards des clercs, des arquebusiers et des filles de bordel toutes belles et élancées, chaque jour à la même heure elle promenait sa silhouette trapue à travers la Cité, menant boire ses cochons dans l'eau du fleuve.

À l'inverse des autres troupeaux (les cochons étaient vraiment sales à l'époque), ses porcs étaient propres et bien élevés, chacun ayant un nom auquel il répondait, et portait une clochette accrochée à son col, comme plus tard ceux de l'abbaye de Saint-Antoine, si bien qu'un carillon précédait leur passage ; ce qui était une courtoisie prisée par les cavaliers, dont les montures se cabraient à la vue des hordes porcines qui empuantissaient les rues étroites.

Comme à son habitude, ignorant la violence, sous le sifflement des traits et le crépitement des flammes, elle se dirigea vers l'eau désaltérante.

C'était samedi, jour de son bain.

Elle quitta ses vêtements et plongea dans l'eau fraîche, s'ébrouant de toute sa grâce pataude, apparaissant, disparaissant, se savonnant, jouant avec les gorets, s'exposant au soleil, se replongeant dans l'eau.

Du navire amiral on observait la chose.

— C'était donc ça, la « Parisienne » !

Une barque s'approcha de Boulette. Mue par une force invincible, elle ne résista pas au géant blond qui l'empoigna.

Siegfried l'éleva jusqu'à son visage. Il mesurait 2,25 mètres, et elle, 1,42 mètre[1].

On l'entendit prononcer à l'adresse d'un compagnon :

— Les voyageurs m'en ont menti quant à l'aspect des femmes de Paris[2].

Puis, il l'étendit sur une peau d'ours. Ses lieutenants, discrets, désertèrent le carré. Un quart d'heure se passa.

Privé de son chef, le siège desserra son étau. Soudain on entendit un cri de volupté.

Hourrah !

Un son rauque et barbare qui couvrait la mitraille. C'était Siegfried.

Alors des autres barques déferlèrent ceux qui voulaient voir, ceux qui voulaient toucher et ceux qui voulaient prendre.

L'affaire dura deux jours.

Sur la rive, intrigué par le silence des armes, le peuple s'était rapproché d'Eudes. On vit des militaires qui attendaient leur tour aux abords du

1. Au cinéma, le rôle de Siegfried est généralement tenu par Kirk Douglas (avec en plus des talonnettes). Si Boulette n'apparaît jamais dans les films, c'est qu'aucune actrice de réputation internationale n'acceptera le rôle tant est ingrat le physique de l'héroïne.

2. Le malentendu dura plusieurs siècles. Longtemps en Normandie on crut que les Parisiennes étaient des petites Boulettes qui boitaient du côté gauche.

bateau amiral, bien disciplinés. Et toutes les deux minutes, le cri emplissait l'air : « Hourrah ! »

On murmura le nom de Boulette.

Au début, on n'y croyait pas, mais il fallut se rendre au fait quand on reconnut son visage qui atteignait à peine le bastingage. Alors la foule se déchaîna en la voyant se dédoubler, se quadripler, se sextupler devant les sollicitations.

On criait :

— Regardez ! Regardez ! Elle en prend par paquet de six, Boulette !

— C'est pas une, c'est pas deux, c'est pas cinq — c'est six Boulette, qu'elle est, notre Boulette.

On en oubliait les nuages qui s'amoncelaient sur Paris. Un torrent, un déluge s'abattit sur la ville. La Seine dépassa la cote d'alerte. Les barques sans pilote s'échouèrent sur la rive droite. Et la débâcle s'amorça.

On vit Boulette plonger dans l'onde et accoster près de ses porcs, reprendre la tête du troupeau, claudiquante et modeste, déplorant seulement la perte de ses vêtements.

Le lendemain le flot se retira faisant apparaître sur les berges une végétation d'herbes fines que personne ne connaissait jusqu'alors.

Charles le Gros et son armée apparurent sur les collines de Montmartre.

Paris était sauvé !

Et les enfants chantaient dans les rues en imitant la boiteuse :

C'est pas une
C'est pas deux,
Qu'elle est NOT'BOULETTE
C'est cinq
C'est six,
C'est CIBOULETTE !

On banqueta près du Châtelet, fêtant Boulette, qu'on n'appelait plus que Ciboulette.

La viande manquant du fait du siège, on se gobergea de plats d'œufs : des omelettes qu'un imaginatif agrémenta de ces herbes fines déposées par la Seine.

On y vit là le doigt de Dieu qui désignait les voies de la canonisation.

Boulette en fut bienheureuse, et les herbes fines devinrent Ciboulette.

Texte écrit pour l'ouvrage initié
par Jean-Pierre Coffe,
Les Vies édifiantes de sainte Ciboulette.

LE VÉLO

Casado descend de selle en ronchonnant :
— On n'a pas arrêté de ramer.

Pourtant il faut sans doute des épreuves comme ça pour rapprocher les gens dans la vie.

Et dans ces moments-là, c'est pas à l'argent qu'on pense en premier.

Ils se disent sans doute : « Vivement cet hiver, qu'on aille se refaire un moral en roulant dans les bois. »

Les coureurs m'ont communiqué leur joie de courir comme j'essaye de faire partager ma joie de jouer.

La bicyclette est le seul véhicule qui permet de penser librement.

Merci de m'avoir fait partager ces heures de votre vie.

Je ne savais pas quoi vous dire.

Je vous regardais manger vos nouilles en pensant à des questions imbéciles et vides commençant toujours par : « Alors ? »

Mais contrairement aux apparences je ne perdais pas mon temps, je recueillais vos visages, qui ne m'étaient pas toujours familiers et que je retrouvais dans l'effort.

J'inventais selon vos traits un caractère qui n'est pas forcément juste.

Je vous ai vus en course avec vos personnalités, certains avaient même, comme moi, la goguenardise paysanne.

Avant vous j'avais déjà fréquenté des pelotons, mais aujourd'hui j'ai recueilli souvent le mot « sensation », qui m'a mené à une analyse nouvelle pour moi quand il s'agit de cyclisme.

Le mot sensation me semblait être personnel aux artistes.

Je pensais à mon métier si près du vôtre, à l'art de votre métier éphémère, qui dure huit heures d'efforts par jour et les vingt plus belles années de votre vie.

Merci de m'avoir fait partager votre émotion.

LETTRE À L'ÉQUIPE « Z »
dont il venait d'accepter d'être le parrain.

*

Avec Audiard et Fallet, le vélo c'était la continuation de ce que l'on faisait quand on était enfant, sauf qu'on avait les moyens d'avoir de beaux vélos et de belles casaques.

Fallet organisait les « Boucles de la Bresbre » dans l'Allier.

Le règlement ne comportait qu'un article :

« Les échappées sont interdites. »

À Bourgueil dans mon enfance il n'y avait pas de télévision, peu de radio, mais mon père recevait *Le Miroir des Sports.*

Le Tour de France, on le suivait dans les journaux, on s'affublait du nom d'un coureur qu'on aimait bien, Speicher, Vietto, Archambaud.

Des fois on coinçait des cartes postales dans les rayons et on rêvait qu'on faisait du demi-fond.

Le Tour de France me rappelle la rumeur des cirques ou des fêtes foraines de mon enfance. Elles aussi exprimaient un départ. Chaque année avec le Tour mon activité intellectuelle se rafraîchit.

Le Tour réveille les vieilles rumeurs.

Rien ne permet mieux de se connaître que le vélo. Ainsi quand on dit « rouler à sa main », il s'agit d'un apprentissage de soi-même. Bien savoir où est sa main pour sentir quand son corps donne l'impression d'une mécanique bien huilée.

Le vélo affûte les sens. Le vélo rapproche de la nature ; quand on roule de sept heures à midi dans les sous-bois, on découvre toutes les subtilités des parfums qui s'ouvrent quand la nature s'épanouit au contact du soleil.

Dans mon enfance, on me refusait un vélo de course sous le prétexte que la position rendait bossu.

Je n'aurais jamais pu être coureur, je n'étais pas doué, je n'avais pas l'esprit d'équipe, ni celui de la souffrance.

Quand je faisais du vélo, je me déguisais en coureur et j'aimais ça.

Je faisais vingt-cinq kilomètres tous les matins dans le parc de Saint-Cloud, et puis, quand j'ai commencé à travailler beaucoup, j'ai arrêté de m'entraîner.

Quand on arrête de faire du vélo, le vélo se venge.

Dernier texte connu prononcé lors de la cérémonie des Césars 1994, où lui fut remis un César d'honneur

Il y a quelques années, mon gourou pakistanais qui, depuis, a perdu les pédales, m'avait annoncé que le début de 1994 me verrait honoré d'une façon prestigieuse.

C'était je crois en 1975.
J'étais à cette époque vice-président de la Pédale dourdanoise. Michel Audiard en était le président et je n'aspirais qu'à des récompenses sportives pour obstinés.

Depuis mes bras se sont chargés de trophées, Césars, Sept d'Or, une sorte d'oscar de la charcuterie qui me fut remis, s'il s'en souvient, en présence de M. Toubon, notre ministre.

J'en vois qui sourient dans leurs fauteuils et qui se demandent comment je vais m'en sortir. Eh bien, je vais bien m'en sortir parce que ça me fait plaisir.

Pour faire dans ce métier un parcours de fond il faut du caractère. Eh bien, je crois à nouveau vous prouver que j'en ai. Les organisateurs de la soirée m'ont demandé de faire court, pas plus de trois minutes, eh bien, je vais en faire quatre ou cinq. Et comme je n'ai pas grand-chose à dire, je vais prendre des temps.

Alors pourquoi pas quinze ?

Non, non, rasseyez-vous, c'était pour rire.

Oui, je l'accueille avec joie, parce que j'y mets la pensée de tous ceux que j'ai eu la chance de rencontrer, qui m'ont donné du plaisir. A tous ceux dont je n'aurais fait que rêver si ma vie avait été ailleurs.

Je considère ce César comme un encouragement et non pas comme le signe du temps.

Alors rien ne vous empêche, si l'an prochain, ou plus tard, je mérite de me pousser à nouveau sur cette estrade pour m'en remettre un que j'aurais gagné à la sueur de mon front, merci... d'avance.

On reproche aux Césars de trop se laisser aller à l'émotion, je crois que je ne vais pas y couper.

Ah ! un mot encore. Il est d'usage de partager son César.

Eh bien celui-là, je le garde pour moi tout seul.

Merci.

Remerciements

Catherine Grello-Carmet remercie chaleureusement Jean-François et Olivier Carmet, Jean-Claude Carrière et Jean-Pierre Coffe, sans qui ce livre...

Table

Cet ouvrage a été imprimé par la
SOCIÉTÉ NOUVELLE FIRMIN-DIDOT
Mesnil-sur-l'Estrée
pour le compte des Éditions Plon
en mai 1999

Photocomposition : Nord Compo
59650 Villeneuve-d'Ascq

Imprimé en France
Dépôt légal : avril 1999
N° d'édition : 13062 - N° d'impression : 47199